ユダヤ人を命がけで救った人びと

――ホロコーストの恐怖に負けなかった勇気

キャロル・リトナー
サンドラ・マイヤーズ　編
食野雅子　訳

河出書房新社

ユダヤ人を命がけで救った人びと

エリ・ウィーゼル

あの時代、どこもかしこも暗闇だった。慈悲の門はすべて閉ざされ、開かれた扉は天にも地にもないように思われた。殺しを行なう者、死んでいくユダヤ人。そのとき外の世界は、迫害に加担するか、無関心になるかだった。しかし、わずかながら、思いやる勇気をもった人びとがいた。

この一握りの人たちは、力があったわけでも、後ろ盾があったわけでも、恐怖心がなかったわけでもない。それなのになぜ、他の人びとと違うことをしたのか。なぜ、危険や苦悩はもとより、死の危険さえかえりみず、人としての道を選んだのか。なぜ、自分の命を危険にさらしてまで、ユダヤ人の子ども一人、母親一人を救おうとしたのか。

これら一握りの人たちに、われわれは深い尊敬と驚異の念を覚える。そして、数々の疑問がわく。なぜ、もっといなかったのか。悪に反対することは、それほど覚悟の要ることだったのか。ほかの人は本当に助けることができなかったのか。組織的、系統的、合法的な残虐行為、殺人行為に抵抗して、犠牲者を、たった一人の犠牲者を気遣うこともできなかったのか。忘れるまい。犠牲者をもっとも傷つけるのは、抑圧者の残虐行為ではなく、傍観者の沈黙だということを。

自分たちはどうだ。何ができただろう。自分にも、他人を思いやる勇気があっただろうか。わからない。ただ、もしその場にいたとしたら、人としての道を外さないでいられたようにと願うのみだ。

ホロコーストを思い出すとき、その想像を絶する恐怖に、感覚や体を麻痺させてはならない。犠牲者が最後まで守り抜いた人としての道に、感動する余裕を残しておかなければならない。また犠牲者に救いの手を差しのべた一握りの人びとに対しても、謙虚になり感謝の目を向けなければならない。宗教的信条あるいは人道的教えに従い、何気なく、しばしば直感的に、われわれの守り手――いや、それ以上に、われわれの仲間、友人になってくれた一握りの人たち。その一人ひとりが、ほかの大勢の人たちもしようと思えばできたことは何か、ほかの大勢の人たちがしなかったことは何かを教えてくれる。

覚えておこう。道徳的選択の必要なときは常にある。そんなとき、一つの寓話、一冊の本、一人の人間と出会ったために、違う選択ができることがあるものだ――他人を思いやり、命を

「覚えていてほしい。人命を救うのは難しいことではないのだ。見捨てられた子どもに情けをかけるのに、雄々しくなる必要も夢中になる必要もなかった。ただドアを開けるだけ、パン一つ、シャツ一枚、硬貨一枚、投げてやるだけでよかった——同情するだけで」（エリ・ウィーゼル）

いとおしむ道を選択できることが。だからわれわれは、ホロコーストの最中にユダヤ人を助けた、これら心正しき人びとのことを知り、彼らから学ばなければならない。感謝と希望をもって、彼らのことを記憶し続けなければならない。

暗闇にさした一筋の光——編者まえがき

キャロル・リトナー

ホロコーストと、人としてのたしなみ。これほど相反する二つのものがあるだろうか。ホロコーストについて書かれたものは、ほとんどが、ナチス支配下のヨーロッパで非ユダヤ人がユダヤ人に対して行なった迫害に重点を置いている。それ以外の書き方をしようとしても難しい。人びとが殺され続けたという事実がそこにあるからだ。

それは過小評価することも無視することもできない。四一年前にナチスの死の収容所が解放されて以来、数々の記録が収集され、数多くの書物が出版されたが、そこに登場するのは、迫害者か、犠牲者か、あるいはヨーロッパのユダヤ人が虐待され、殺されるのを、抗議の声も上げずに見ていた傍観者ばかりだった。

しかしホロコーストの最中にも、ユダヤ人が狩り集められ、迫害されるのを黙って見ていられなかった人びとが、わずかだがいた。その多くはキリスト教徒であった。彼らが助けたユダヤ人は友人であったり隣人であったりしたが、まったくの赤の他人の場合もあった。彼らがみずからの命を危険にさらしてとった行動は、大規模なものもあったが、ほとんどは何気ないものだった。その行動ゆえに、彼らはヘブライ語で「ハシディ・ウモット・ハオラム〈諸国民のなかの正義の人〉」と呼ばれる。

一九五三年、イスラエルの国会は「殉教者および英雄追悼法」を通過させた。この法律は、エルサレムの「ヤド・バシェム」〈日本では一般的に「国立ホロコースト記念館」と呼ばれる〉の機能を規定し、「諸国民のなかの正義の人」のおおまかな定義を定めたものである。それによると、この称号に値する人は、ホロコーストの間に「命を賭してユダヤ人を救おうとした高潔なる異邦人〈非ユダヤ人〉」と定義されている。

さらにヤド・バシェムの「〝正義の人〟指名委員会」が、この称号のために満たすべき一定の基準を定めた。⑴ナチス迫害の最中に救いの手を差しのべて、ユダヤ人〈老若男女を問わず〉の命を救おうとした、⑵自分の命を危険にさらした、⑶金品の報酬を受けなかった、⑷その他、「救助者の行為が、通常の手助けの観念を超えた、傑出した行為であると認められ、かつ称賛に値する」とみなされる、である。

これまで約五千人の男女が発見され、その崇高な行為が検証され、ヤド・バシェムと世界中のユダヤ人から「諸国民のなかの正義の人」の表彰を受けた。〈約五千人は英語版出版当時（一

九八六年)。二〇一八年一月現在、二万六九七三名と発表されており、唯一の日本人として杉原千畝が入っている〕

一九八四年九月、ワシントンにある「アメリカ合衆国ホロコースト記念委員会」委員長を務める、作家で教師のエリ・ウィーゼルの音頭で、「人類への信頼——ホロコーストの最中にユダヤ人を救った人びと」と題する国際会議が開催された。会議の目的は、人間の堕落と高潔さを事実で対比させ、命を賭して悪に挑戦した数少ない人びとの行為に光を当て、歴史的事実と、もしもっと多くの人に同じ勇気があったらどうなっていたかを、世界に証することであった。

アメリカ合衆国ホロコースト記念委員会はこの機会に、ホロコーストのこの小さな、しかし重要な一章に焦点を当てることによって次のことを解明したかった。エリ・ウィーゼルのことばを借りれば、この一握りの人びとが「なぜ、他の人びとと違うことをしたのか。なぜ、危険や苦悩はもとより死の危険さえかえりみず、人としての道を選んだのか。なぜ、自分の命を危険にさらしてまで、ユダヤ人の子ども一人母親一人を救おうとしたのか」ということである。

この会議で、これらの疑問のすべてに答えが出たわけではなかった。しかし黙って悪に加担する以外の道が、当時もあったし、いつもある、ということを、人びとは学んだ。公民権運動の指導者で、アメリカ合衆国ホロコースト記念委員会委員でもあるベイヤード・ラスティンは、会議の開会式でこう述べた。

「ユダヤ人の命を救ったのは、ドアを開ける、手を差しのべる、隠れ場所を提供する、見知らぬ人に食べ物を与える、秘密を守る、あるいはただ〝うん〟と言う、というようなささやかな行為がほとんどでした。こうした行為の一つひとつは、単純で小さなことのように見えます」

しかし、こうした小さな行為こそ、四〇年前、ホロコーストという巨大な暗闇の中にさした一筋の光明だったのである。

「諸国民のなかの正義の人」は、ホロコーストの最中にはほとんどの人が知らなかったこと、あるいは忘れていたことを思い出させてくれる。つまり、人間らしく生きるということは、危険な目にあっている人を思いやることだということ、誰もが自分の行動に責任があるということ、一人ひとりの行動で世の中は違ってくるということを。

これらの人びとの崇高な行為を記憶にとどめ、第二次世界大戦中のナチス支配下のドイツで、あるいはナチス占領下のヨーロッパで、ユダヤ人を助けることは不可能ではなかったことを世に証することを目的に、談話や手記が集められた。本書はそれをまとめたものである。語り手、書き手は、ユダヤ人を救った人、救われて生きのびたユダヤ人、学者などで、収録したインタビューをもとに制作された同じ題名の記録映画もあるので、参考にしていただきたい。

一九三三〜四五年の間にヨーロッパのユダヤ人が受けた、〝普通の〟人びとのあまりにも冷たい反応には、慨嘆せざるをえない。しかし、人としてのたしなみの実例を、現代に、そして後の世代に示そうと思うなら、嘆くばかりでなく、思いやりと勇気を示した数少ない人びとの行為に、目を向けることも必要である。

（一九八六年）

Contents

目次

II　ル・シャンボン村で――愛のことばを理解した人びと

Ⅲ　思いやる勇気——鐘は汝のために鳴る

ユダヤ人を命がけで救った人びと

——ホロコーストの恐怖に負けなかった勇気

ホロコーストと世界——プロローグ

アービング・グリーンバーグ

すべての人間はそれぞれ尊く、かけがえのない存在である。

「諸国民のなかの正義の人」の一人ひとりが、そのそれぞれ尊く、かけがえのない個人の命を救った。他人の命を救ったその人びともまた、他に類を見ないその行為ゆえに尊敬されるべき存在である。しかしこの、ユダヤ人を救った正義の人びとについて語るとき、そのことばはおぼつかなくなる。この人たちについてわかっていることがあまりにも少ないからである。

われわれがもっている情報はエピソードの類が主で、それも正直に言って数少ない。ただそのような人が多くはいなかったことは明らかだ。ホロコーストのために解き放たれた悪の軍隊が、彼らの多くを飲み込んでしまったからである。だいいち、迫害者の側の勝利が極端に多いのを見ると、抵抗できた人がそれほど多くいたとはとても思えない。

第三者の存在

とはいえ、忘れてはならない大事な点もある。デンマークや、フランスのル・シャンボン村の例〔本書Ⅱ部参照〕に見るように、大勢の人、大半の人が結束した場合は、何人ではなく何千人という規模で救うことができた。救いの手を差しのべた第三者が、あるいは第三者一般が、ユダヤ人の生死を左右したのである。

国によって、ユダヤ人の運命は大きく違った。デンマークでは九五％が生きのび、ポーランド、ラトビア、リトアニアでは九〇％が死んだ。なぜ、ユダヤ人の運命にこれほどの差異が生じたのだろう。

この違いがユダヤ人の行動によるものでないことは明らかだ――消極的抵抗であれ武装蜂起であれ。武装蜂起は死に方の決断であり、生きのびるための方策ではない。もちろんナチスの行動がこの大きな違いをもたらしたのでもない。彼らはいたる所で殺人的だったのだから。国による唯一の大きな相違は、第三者の行動だった。抵抗する第三者が多ければ多いほど、ユダヤ人が生きのびられる可能性は高かった。

この「プロローグ」では、非常におおざっぱであるが、ホロコーストの全体像を示そうと思う。そのうえで本書を読んでいただければ、「正義の人びと」の姿を正しくとらえることができるだろうし、彼らの行為がどのような状況下で生まれたかを把握することができるだろう。

そのような状況に照らしてみれば、彼らの行為の価値もよくわかる。普遍的な破壊を背景にして見れば、他人の命を救うことがいかに価値あることか理解できよう。

ホロコーストにいたる道

ホロコーストの始まりは、さまざまな歴史的事件の選び方によっていつにでもなる。わたしは、明らかな時点である、ナチスが政権の座に就いた一九三三年から始めようと思う。

一九三三年から三九年までの最初の六年間は、ドイツ国内におけるナチスの権力拡充の時期であったが、同時にホロコーストの種が蒔かれた時期でもあった。この間、ドイツ国内のユダヤ人は、公職、軍隊、学校、専門職から追放された。専門職のユダヤ人は、当初は非ユダヤ人に対する業務の提供を禁止されたのみだったが、その後、同胞であるユダヤ人に対する業務も禁止された。このようにしてユダヤ人は隔離されていった。

ユダヤ人の隔離——それはユダヤ人絶滅にいたるドイツのシナリオの、重要な基本的一段階であった。ユダヤ人隔離政策は、一九三五年に制定された「ニュールンベルク法」にもとづく公民権の剝奪から、ユダヤ人の生活の場と方法のさらなる制約、さらにそれ以上へと、次第にエスカレートしていった。ナチスはこのような反ユダヤ政策を内密にしておこうとした。一九三六年のベルリン・オリンピック開催中はとくにそうだった。ナチスの行動に対する諸外国からの反対の矛先をかわそうとしたのである。

オランダ侵攻をはたしたドイツ軍の勝利の行進。

ユダヤ人に対する法的規制や暴力行為はその後も続き、エスカレートもしたが、全体を通して見ると、まったく場当たり的というわけではなかった。全時期を通じて一つのパターンが見られる。まず、ユダヤ人に対する攻撃があり、続いてその拡大があり、その後、いったん小休止がある。ナチスはしばしばこの小休止の時期を利用して、世界の反応を確かめ、このまま計画を推進してよいか、修正が必要かを見極めた。そして世界各国から顕著な反応がないのを見ると、ユダヤ人コミュニティに対する攻撃を再開し、さらに抑圧を強める、というステップを踏み、それが繰り返された。

後にこの時代を振り返り、この問いつなら、ユダヤ人を救うことができただろう、という議論がある。わたしは、この一九三三年から三九年の時期こそ、ユダヤ人を救うことができた重要な時期だったと思う。一九三六年にヒトラーがラインラント〔第一次世界大戦後、非武装地帯化されたドイツ西部国境の地域〕に進駐したとき、まさか連合国の報復を逃れることができるとはドイツ軍将校さえ思っていなかった。実際、軍隊はクーデターによるヒトラー転覆さえもくろんだのである。しかし世界がラインラントでのヒトラーの勝利を許してしまうと、軍隊におけるヒトラーの名声はいっぺんに高まった。こうしてヒトラーは、世界征服とユダヤ人絶滅をめざした彼の計画を実行に移す権力基盤を獲得したのである。

ヒトラーのこの計画にはある種の眩惑的論理が用いられており、最初は反ユダヤ主義が目的であるようには見えないものさえあった。かの悪名高き「安楽死計画」も、当初はいわゆる精神的欠陥者をドイツから排除する計画であると思われた。この計画は試験的に開始された。とくにガスの使用は実験として試されただけだった。やがて、まずカトリックの司教たちから、後にプロテスタントの指導者や家族から厳しい批判と抗議が起きたために、この計画は中止された。

安楽死計画が中止されたのは、政府がまだ国民の全面的信頼をかち得ていなかったからである。しかしこの時期に行なわれたガス死の生体実験データは、後にユダヤ人やその他の人びとを殺すために作られたガス室の開発に生かされることになる。

ユダヤ人の選んだ道

ユダヤ人の国外移住にも興味深いパターンが見られる。ヒトラーが政権を握った一九三三年、ドイツ在住ユダヤ人の国外移住は激増した。人びとはパニックにおちいり、この年だけでも三万三千人がドイツを離れた。しかし事態の悪化にもかかわらず、その後のユダヤ人の国外移住は年々減少した。もちろん人口に占めるユダヤ人の絶対数の減少も一因であるが、なかには、いずれドイツからヒトラーが姿を消す――〝真の〟ドイツを取り戻す――ときが来るという望みを持ち続けながら、新しい現実に〝適応〟し始めた人びともいただろう。ドイツは彼らの生まれ故郷、祖国であり、このように野蛮なことが永久に続くはずがない、と思ったのである。だいいち、ユダヤ人は何百年にもわたって差別やポグロム（集団虐殺）にあい、そのなかを常に生きのびてきたではないか。

しかし一九三八年、この希望、この幻想は打ち砕かれた。この年の一一月に起きた「クリスタルナハト（水晶の夜）」の暴虐（ナチスの扇動によりドイツ中で一斉に起きた、ユダヤ人企業や施設の焼き打ち事件）をきっかけに、ユダヤ人の国外移住は再び増大した。一九三八年末から三九年初頭にかけて、約五万人のユダヤ人が半狂乱、自暴自棄の状態でドイツを離れた。彼らが国外移住できたのはこれが最後だった。戦争によって出口が塞がれてしまったからである。外国への移住を希望しても、受け入れてくれる国はほとんどなかった。

ユダヤ人受け入れ拒否は、ナチスに対する世界の反応がどんなものだったかを示す重要な要素である。一九三八年にフランスのエビアンで、難民問題を検討する国際会議が開かれ、そこでユダヤ難民の扱いが討議された。この会議に出席した連合国――「列強」というべきかもしれない――には、これといった難民受け入れ計画がなかった。この事実をナチスは、世界が基本的にはナチスの方針に同情的である印であると受け取った。

実際この時期にヒトラーは、「諸外国は、自分たちの手が汚れていないことを示すためにわたしを批判したがるが、実際にはユダヤ人を受け入れようとしない。これはユダヤ人に対してわたしと同じ感情をもっているからだ」という有名なコメントを発表している。

ヒトラーの恐ろしさ

一九三八年、ドイツはオーストリアを併合、三九年にはチェコスロバキアに進駐し、同国を占領した。その年のポーランド侵攻によってドイツは全面戦争に突入し、同時にユダヤ人に対する全面戦争も始まった。ルーシー・S・ダビドビッチは、宣戦布告が発せられたのは一九三九年九月だったが、ユダヤ人に対する戦争はその八カ月前に「宣戦布告」されていた、と指摘している。一九三九年一月三〇日、ヒトラーは国会に向けた演説で次のように述べている。

「ユダヤの国際金融家集団が、またもや諸国民を世界戦争につきおとすことに成功するとしても、その結果生じるのは、世界のボルシェビキ化やそれに伴ってのユダヤ人種の勝利などではないであろう。逆にそれは、ヨーロッパにおけるユダヤ人種の滅亡にほかならないであろう」〔『ユダヤ人はなぜ殺されたか』大谷堅志郎訳、明石書店〕

わたしはこの引用を何年間も、その本当の恐ろしさを完全には理解せずに読んでいた。しかしこの演説をしているヒトラーを映像で見て、初めてその恐ろしさを知った。とくに身の毛のよだつ思いがしたのは、ヒトラーがこの文章を言い終えたとき、議員が全員起立して大きな拍手を送ったことである。

ルーシー・ダビドビッチによれば、ヒトラーの頭のなかでは「戦争とユダヤ人の抹殺とは相互依存の関係にあった」という。戦争の混乱が、したい放題の民間人殺害の隠れ蓑《みの》になるだろう、と考えたのである。ポーランドは一カ月もしないうちに降伏し、やがて進攻してきたソ連軍が、分け前としてポーランドの東半分を占領した。何百万人ものユダヤ人がドイツの支配下に入り、一九三九年から四一年まで、攻撃と強制収容の波が彼らを襲った。

ユダヤ人迫害の激化

この間も一般的方針は、一人残らず殺すということではなかった。ドイツによる占領後まもなく、第一段階の迫害があったが、そのときの方針はそれほど過激なものではなかった。殺しはするが、大量虐殺ではなかった。続いて一九四〇年一〇月までにゲットー化が行なわれた。当初ゲットーは完全閉鎖のものは少なく、ゲットーに住むことを強要されながらも、人びとは

ポーランドのドイツ総督府領域内、クラクフに近いミエリクからアメリカに出されたはがき。1941年10月22日付だが、２カ月半かかって到着した。両面に厳しい検閲の跡が見られる。

比較的自由に動き回ることができた。ただし、ゲットー化は貧困を意味したことを忘れてはならない。ユダヤ人は家も土地も資産もほとんど捨てなければならなかった。多くの場合、銀行口座も凍結された。ゲットー化は飢えと栄養失調をもたらし、さらには奴隷労働を強要され、強制労働に狩られることになった。

この間に、ドイツ政府はポーランドの一部を直接ドイツに併合した。ポーランドの中心部一帯は「総督府領」として区別されて親衛隊管轄領域となり、ドイツ人の完全な管理と統治下に置かれた。この間にポーランド人の人種選別が行なわれ、いわゆるアーリヤ人タイプの子どもはドイツに送られた。そしてポーランド人が立ち退いたり、追放されたりした後に、約五〇万人のドイツ人が連れてこられた。つまりユダヤ人だけでなく、一般のポーランド人も迫害の対象になったのである。

ポーランド降伏後、西部戦線はしばらく平穏だった。しかし一九四〇年四月、ドイツはデンマークとノルウェーを侵略し、続いて五月には北海沿岸の低地地帯、オランダ、ベルギーへ侵攻した。そして六月、ついにフランスが降伏した。ドイツの力がピークに達した時期である。ヒトラーは四〇年九月までにイギリスを手中に収める計画だったが、後に「バトル・オブ・ブリテン（イギリスの戦い）」の名で有名になった空中戦で、英国空軍にその意図をくじかれた。

一方、四〇年から四一年にかけて、ソ連侵攻の準備が進められた。ソ連侵攻はヨーロッパにおけるヒトラーの最大の勝利になるはずで、イギリス征服が頓挫していたにもかかわらず、ヒトラーの頭のなかではソ連征服は最優先事項になっていた。この全面戦争の時期に大量虐殺の計画も進行していた。この戦争はしたい放題という考えが、ここでもまた、ユダヤ人に対する攻撃を激化させたのである。

殺人部隊

行政管理のための作業部隊と、殺害命令を執行する特務部隊「アインザッツグルッペン（絶滅部隊）」が組織された。絶滅部隊は三千～四千名からなる銃殺部隊で、A、B、C、Dの四

東方への移送のために検束されたオランダのユダヤ人。

つの隊に分けられ、ドイツ軍の最前線のすぐ後ろを進み、輸送面では最優先の扱いを受け、ほかにも特別の待遇が与えられていた。多くの場合、ドイツ軍が電撃戦でソ連国内を進軍し、ユダヤ人を罠にかけたり逮捕したりして捕えると、その後から絶滅部隊がやってくる、という形をとった。典型的な方法は、ナチスが村や町に入っていき、ユダヤ人を狩り集め、近くに連れていき、そこで射殺する、というものだった。

一九四一年六月二二日、ソ連への全面的侵攻が始まり、この最初のソ連攻撃は大成功を収めた。スターリンはドイツ侵攻のきざしを無視してしまい、ソ連軍は不意をつかれた。押し寄せるドイツ軍に対して、当初ソ連国民は右往左往するばかりで、国を守る気概はなかった。しかし彼らもすぐにドイツ人の無謀、非情を味わうことになる。ドイツ側の残虐行為は、一義的にはユダヤ人を一人残らず殺すことが目的だったが、ナチスはロシア人やポーランド人も、スラブ人種ゆえに低級であるとして殺した。

ドイツの支配形態

この間、ドイツ支配下に置かれた西ヨーロッパ諸国は、大きく三つの地域に分けられていた。植民地地域、監督地域、SS（ナチス親衛隊）統治地域である。

植民地地域では、現地の政府が機能し続けることが許された。ドイツの同盟国であるか、またはその国を征服した後、ナチスの〝指導〟のもとに現地政府に統治させたほうが都合がよい場合にこの措置がとられた。戦前の完全独立国家で現地政府の存続が認められたのは、フランス、デンマーク、フィンランドである。ドイツの言うことを聞くかぎり、という条件つきであった。デンマークの場合、政府はデンマーク国民が選んだ政府だった。フランスの場合は、ナチスによって作られた政権ではあったが、国民との強い絆を保っていた。

戦前、国内の統一が比較的緩かった国も、同盟国であるがゆえに自国の政府の存続が認められた。クロアチア（後にユーゴスラビアの一部となった）、ハンガリー、ルーマニア、スロバキア、ブルガリアである。イタリアは違う意味ではあったがやはり同盟国であり、自国政府が政権を維持した。

第二の監督地域では、現地の政府は退陣させられ、ドイツに協力的な傀儡《かいらい》政権に置き換えられた。国民が選んだ政府ではなかったが、ドイツの完全支配というわけでもなかった。ベルギー、ノルウェー、オランダなどがこれにあたり、植民地地域よりも厳しいドイツ側の管理を受けた。政権を担ったのは同国人であったが、あくまでもドイツの監督指導の下での政権であった。

第三のSS統治地域では、ドイツは現地政府を廃止または壊滅させ、ドイツの行政機関を置き、完全統治した。オーストリアが大戦勃発前にこの扱いを受け、開戦後、東欧のラトビア、リトアニア、ポーランド、エストニア、セルビアがこの状態になった。これらの国の国民は、スラブ人種であるため低級な人間であるとみなされた。ヒトラーにとって、スラブ人は劣等な人種グループであるので、彼および彼の部下が完全支配するのは当然だった。

東欧には根強い反ユダヤ主義があった。ヘレン・フェインは『ジェノサイドの説明』(フリープレス、一九七九年)のなかで、戦前から反ユダヤ思想が強く、SSの締めつけが強かったところでは、ユダヤ人が犠牲になる確率も高かった、と述べているが、そのとおりである。

これらの国では戦前、国内の政治的社会的結束が弱かったために(それ自体、ユダヤ人の生存率と直接結びつくわけではないが)、国内の民族的緊張関係をドイツ人がユダヤ人迫害に利用するのを許し、その結果、高い犠牲率を生んだ。傀儡政権やナチスによるユダヤ人虐待を、一般国民が黙認したためである。

ドイツの管理が比較的弱かったり、戦前から反ユダヤ思想が薄く、国内の結束が強かった国

ユダヤ人をからかうドイツ人兵士（ポーランド）。

では、これと反対のことが起きた。つまり、国民の個人的反応だけでなく集団的反応も、悪の側がどれほどの力をもてたかに関係したのである。

虐殺手段の変化

最初、一九三九年から四一年までのポーランドでは、ユダヤ人の死は、飢え、病気、過重労働によるゆっくりしたものだった。しかし次第に、ゲットーの封鎖が厳しくなった。これによってユダヤ人は非ユダヤ系ポーランド人から隔離されただけでなく、家、生活の糧、その他もろもろを失うことになった。ゲットー破りには死刑が伴った。ゲットーを離れたユダヤ人はもとより、ユダヤ人を助けたり、ユダヤ人をかくまった者も同罪だった。この方針は四一年一一月にワルシャワで発表された。そして絶滅部隊はユダヤ人殺しにみごとな成果をあげた。

犠牲者は百万あるいは一五〇万と推定される。この統計は、絶滅部隊A隊がつけていたおぞましい記録から読みとることができる。同隊は数カ月にわたり、殺したユダヤ人の数を男、女、子どもに分けて毎日記録していた。とくに驚かされるのは婦女子の割合の高さである。男性は強制労働に連れていかれるか、その場で射殺され、後に残された女性や子どもが絶滅部隊の手で殺されるというケースが多かったのである。

やがてナチスは、絶滅部隊の稼働は、ユダヤ人壊滅計画の手段として、必ずしも最善の方法ではないことに気がついた。マイナス要因はいくつかあった。弾丸の使用は経費がかかる、効率的でない、隊員にも現地の国民にも悪影響がある、などである。強固な意志やイデオロギーをもった隊員ですら、毎週のように女や子どもを銃殺することは愉快なことではなかった。銃殺をやめたくなるほどではなかったにしても、不眠、悪夢、深酒、さまざまな暴力沙汰などを引き起こした。力も立場も弱い女や子どもを殺さなければならないということがかえって、彼らの敵意や残虐性を助長することになったのかもしれない。

その結果、もっと安上がりで、もっと効率的で、個人的感情の入らない殺し方を探すことになった。そこで安楽死計画に関与した科学者が登用される一方、トラックで移動すると見せかけて、排気ガスをトラック内に引き込んで殺す実験が行なわれた。その後、もっと毒性の強いガスの使用、続いてガス室や死の収容所の建設が行なわれた。

最終的にナチスは六つの絶滅収容所を運営した。アウシュビッツ、トレブリンカ、ソビボル、ヘウムノ、マイダネクである。ヘウムノ以外はすべて、いわゆる総督府領内、つまりナチスの直接統治下のポーランド領土内に設置されていた。

ユダヤ人の抵抗

こうしてヨーロッパ中から、三百万のユダヤ人の移送が始まった。歴史学者のラウル・ヒルバーグは、三百万ユダヤ人の移送に伴う事柄を次のようにまとめている。

「鉄道の時刻表を作成し、貨車を借り切り、国境横断地点で問題が起きないようにし、(全経路の) 線路の切り替えを完璧にしなければならなかった。またコミュニティごと根こそぎにしなければならなかったが、その手順は、まず住民登録、次に町の特別地区への拘禁、それから中継収容所への移送、そこから東方への定期的移送、という具合だった」(『ヨーロッパ・ユダヤ人の絶滅〈上・下〉』〈望田幸男他訳、柏書房〉)

このプロセスに必要な人材は何万、いや何十万にのぼった。町角という町角で、この様子を立って見ていた人びとがいた。町という町に、家族や親戚から話を聞いた、あるいは写真を見た人びとがいた。だが戦後、質問されて、「はい、見ました」と白状した人はほとんどいなかった。こうしてこの間、移送は、ほとんど何の妨害もないまま、延々と続いた。

一九四二年になると連合国の反撃が始まった。まず冬の到来がドイツ軍に悪夢となって襲ったソ連で、続いて、連合国軍が反撃の準備を進めていた北アフリカで。興味深いことだが、連合国軍が力を盛り返し始めたこのときになってようやく、ドイツに対するユダヤ人の組織的な武装抵抗が形となって現われた。

一九四三年のワルシャワ・ゲットーの蜂起は、ヨーロッパにおける最初の組織的武装抵抗だった。この抵抗は、ここのユダヤ人が戦い方を知っていたから起きたのではない。彼らはいずれ死ぬ運命であることを知り、どのような死に方を選ぶかの選択をしたのである。すでに著しい数のユダヤ人が殺されていた。残された数少ないユダヤ人たちはわずかな武器を購入し、この信じがたい反乱を組織し始めたのである。もちろんそれは一つの象徴的声明にほかならなかった。つまり、他の人びとが後に歴史書で彼らについて読むことによって何かを学び、少なくとも未来のユダヤ人の運命に役立つように、という希望の声明である。

ユダヤ人を守った国々

このホロコーストの期間中、ユダヤ人がどのような扱いを受けたかは、ヨーロッパのそれぞれの国におけるナチスの支配の程度によって大きく左右された。典型的な例がデンマークとブルガリアである。デンマーク人はアーリヤ人種で、したがって、ドイツ人には〝まともな〟人びととみなされたため、またデンマークが一定の条件で降伏に同意したため、同国政府は存続が認められた。興味深いことにデンマーク降伏の第一の条件は、デンマーク政府はユダヤ人に対する差別を許さない、だった。第二の条件はデンマーク軍を東方戦線に派遣しないこと、第三の条件は枢軸国に対するデンマークの中立だった。

デンマーク政府が、デンマーク国内のユダヤ人はデンマーク人であり、区別は許さないと主張し続けたことが、今では有名な、デンマーク・ユダヤ人の救出につながった。デンマーク人の結束はみごとなもので、したがってデンマーク国民には、ユダヤ人を救出した個人が同胞から罰せられることはないという保証があった。またナチスも全デンマーク人を罰するわけにはいかなかった。この点はポーランドのように、ユダヤ人を助けた人は死刑を宣告されるかもしれない、という国と対照的だった。

同様に興味深いのはブルガリアの状況である。ブルガリアはデンマークよりずっと国内の統一が緩く、民主主義も根づいていなかったが、ブルガリアで生まれたユダヤ人はブルガリア人であるという考えが非常に強く、ブルガリア政府はブルガリア国民の保護を主張した（しかしその政府も、あらたに併合された地域の〝外国生まれ〟のユダヤ人は見捨てた）。ユダヤ人救出の決定にはブルガリアのギリシャ正教会が重要な働きをした。このことからも、ホロコーストのあいだのキリスト教会の態度について、十把一からげの一般化は避けなければならないことは明白である。

事実、ブルガリアでもデンマークでも、キリスト教会はユダヤ人を擁護する発言をした。ほかの国、たとえばフランスなどでも、個人的に、ユダヤ人に対する迫害に抗議する聖職者がいたし、教会が重要な役割を果たしてユダヤ人の隔離を阻止した地域も少なくない。しかし一方、法王ピオ十二世が態度を明確にも公にもしなかったことは事実であるし、スロバキアの教会が大量虐殺を積極的に支持したことも、われわれは知っている。

ベルギーでは果敢な地下抵抗運動と、地下組織の支部として組織された「ユダヤ人擁護委員会」の組織的活動のおかげで、五三%のユダヤ人が移送を免れた。ユダヤ人と非ユダヤ人のつながりで印象深いことは、デンマークでもブルガリアでも、ユダヤ人の扱いに対する反応が引き金になって、地下活動が組織されたり、活発化したりしたことである。ユダヤ人の大量虐殺から他の人びとの大量虐殺も進んだように、ユダヤ人擁護の運動から他の人びとの擁護運動や抵抗運動が生まれた。

殺しの規則

移送のサイクルや移送を支える組織の拡大は、悪名高き「バンゼー会議」によって促進された。この会議の目的は、「最終的解決」の計画立案、その方法の確認、計画遂行関係者を一堂に集めることだった。ナチスの、官僚機構と技術の利用は、ホロコーストのとくに恐ろしい一面である。後にヒムラーが述べたように、彼らはユダヤ人を憎んでいたわけではなかった。ユダヤ人抹殺は純粋に感情抜きで行なわれ、それが強みだった。誰かを憎いと思えば怒りがわく。何人か殺せば憎しみは収まる。しかし殺しを規則、規定、官僚機構、技術に置き換えてしまえば、これでいいということはなくなる。

ワルシャワのゲットー。

移送されるポーランドのユダヤ人。

「殺しを行なう者がおり、それに手を貸す者、何もなかったと信じこまされた者がいた。知らぬふりをする、われ関せずと傍観する、無関心を装う、そういう者が大部分だった。……しかし、わずかながら、思いやる勇気をもった人びとがいた」（エリ・ウィーゼル）

皮肉なことに、ドイツの敗色が濃くなり始めた一九四三〜四四年に殺されたユダヤ人の数は、ドイツが勝ち進んでいたそれまでの時期よりも多かった。ユダヤ人の大量虐殺が本格的に行なわれたのは、ナチスにとって戦況が悪化しつつあったこの時期、抵抗運動が起こり始めたこの時期になってからだったのである。

連合国の対応

今になってみれば、死の収容所に通じる鉄道を連合国側が爆破しようとしなかったこと、アウシュビッツなどにおける大量殺人行為を連合国が阻止しようとしなかったことも、ユダヤ人を見捨てることに通じ、ユダヤ人に対する仮借なき残虐行為を助長したことがわかる。強制収容所のユダヤ人を救おうという試みがあれば大勢のユダヤ人が助かったであろうに、この試みは後回しにされ、真剣に検討されることは決してなかった。

実際、連合国はドイツ人の残虐行為に対して、戦争が終わったときに責任を問われるぞという警告をいくつか発したが、初期の警告にはユダヤ人ということばは意図的に使われなかった。当時殺されていたのはユダヤ人がもっとも多かったことを誰もが知っていたにもかかわらず、である。ドイツ人はそれを、非ユダヤ人である民間人に対する残虐行為に対しては罰せられても、ユダヤ人に対する残虐行為については罰せられない、と解釈したとも言える。

ホロコーストのあいだユダヤ人だけが被った特別の運命に、連合国が前向きに対処しなかったことは、六百万ユダヤ人殺害を成功させた大きな要因の一つだった。アメリカのユダヤ人が連合国にアウシュビッツ爆撃を懇願したときも、その場で拒否されてしまった。理由は、この戦争は「民主主義を守るために世界を平和にする」戦争であり、ユダヤ人〝だけ〟の救済を求めることはできない、というのだった。

ドイツは、ユダヤ人殺戮がピークに達していた一九四四年の夏中、何回かにわたって、ユダヤ人抹殺に金がかかりすぎていると判断した。使用している「チクロンB」というガスは非常に高価なものだった。そこでナチスはユダヤ人抹殺に用いているガスの量を半減することにした。彼らは、ユダヤ人がガス室で呼吸困難で死ぬまでの時間を倍に引きのばすことによって、費用を半分に節減したのである。最後には、ユダヤ人の子どもたちを生きたまま焼却炉に投げ入れることによって、ガスの費用を節約することさえした。そんなことが行なわれていたあいだもずっと、アウシュビッツ上空には、近くのI・G・ファルベンの合成ゴム工場を爆撃しにいく爆撃機が飛んでいたのである。合成ゴム工場は重要な攻撃目標、優先目標だったが、収容所はそうではなかった。

責任の選択

戦争の流れが変わりつつあった二年間、迫害者たちは、ユダヤ人ならびに収容所に収容していた非ユダヤ人の抹殺を優先事項にした。たとえばユダヤ人を満載した列車を通すために、ドイツ兵輸送列車は脇に寄せられた。まったく無実の人びとを大量虐殺するという、史上稀に見る技術的大事業は、誰からも阻止されることなく実行された。民主主義一般を守るための戦争は、人類と民主主義に対するもっとも基本的な責任に背を向けたのである。

こうした恐怖の背景に照らして初めて、「ユダヤ人を助けた正義の人びと」が立ち向かわなければならなかった大きな力、彼らが冒した大きな危険、その危険にもいろいろあったことを理解することができる。彼らの偉業について知るとき、あらためて認識しなければならないことがある。危険におちいった人びとを救えなかった責任は、その場に居合わせながらナチスのなすがままにさせてしまった人びとだけでなく、大きなスケールで救う力をもちながら、ほかの優先事項、ほかの責任を選んでしまった者にもある、ということである。

——アービング・グリーンバーグは、本章執筆時、「アメリカ合衆国ホロコースト記念委員会」委員。ニューヨークにある「全米ユダヤ人リーダーシップ研修センター」所長も務めた。学者として執筆や講演も幅広く行なっている。

I

救出の物語——ユダヤ人はこうして助けられた

マダム・マリーの教え——フランス

オデット・メイヤーズ

わたしの両親はポーランド移民だった。労働者階級の貧しい家庭だったが、政治意識が高く、一九二〇年代後半に祖国を出たのも政治的理由からだった。

一人っ子のわたしは、両親からも親戚や周りの人からもたいへんかわいがられた。活気のある、楽しい毎日だったことを覚えている。家にはいつも人が集まり、ピクニックにもよく出かけた。しかしその幸せな生活も、戦争が始まるまでのことだった。

運命の日

父は一九三九年に入隊したが、すぐに捕虜になってしまった。母とわたしはパリのアパートで暮らしていたが、母はレジスタンスの活発なメンバーで、危険と隣り合わせの毎日だった。

パリを占領したドイツ兵はわたしたち子どもを手なずけようと、飴やチョコレートをくれようとした。わたしたちは、ドイツ兵の飴には毒が入っていると言われ、それを信じた。というのも、わたしの周りにいた人がどんどんいなくなっていたからだ。国外へ逃げた人もいたが、どこかへ連れ去られたり、収容所に入れられた人もいた。

ドイツ兵は怖かった。一度、「ダビデの星」を着けていたとき、酔っ払ったドイツ兵に出会ってしまった。わたしたちユダヤ人は、ダビデの星をいつも人から見えるように着けていなければいけなかったのだが、わたしは思わず通学かばんでバッジを隠した。兵士が笑いながら近づいてきた。何をされるかと思うと、とても怖かった。でも何の偶然か、兵士たちは、わたしの後ろを歩いていたユダヤ人のお婆さんを捕まえ、髪をつかんで引っぱっていった。なぜかはわからない。酔っ払っていたからかもしれない。とにかくとても怖かったのを覚えている。

ナチスがパリ在住のユダヤ系フランス人を集めて検束したとき、オデット・メイヤーズはわずか7歳だった。

一九四二年七月一六日、ナチスの指揮の下、フランス警察によってパリの外国籍ユダヤ人一万三千人が集められ、「ベロドローム・ディヴィエール（冬季競技場）」へ連行された。一万三千人もの人

オデット・メイヤーズと母親。

が、スポーツをする競技場に押し込められたのだ。

警察がみんなを集めに来たとき、子ども連れの母親のなかには、窓から身を投げて自殺した人もいた。警察に捕まるよりはと、子どもを抱いて飛び下りたのだ。五一人がそうやって命を落とした。警察はユダヤ人というユダヤ人を捕まえた。働いている女性も、老人、重病人までも、とにかく一人残らず。死体まで持っていった。家族のいない男性は直接、パリ郊外のドランシー収容所へ連れていかれ、残りが競技場に連れていかれたのだが、大多数は女、子ども、赤ん坊、老人、重病人などだった。

そこに七日間留め置かれた後、ピティビエールやボーヌ＝ラ＝ロランドといったフランス国内の収容所にとりあえず送られ、そこからアウシュビッツやビルケナウへ移された。一九四二年七月にパリで捕えられたユダヤ人一万三千人のなかには、四〇五一人の子どもがいた。わたしを助けてくれた女性がいなかったら、わたしは四〇五二人目になるところだった。

足元を見て歩くんだ

わたしたちのアパートの管理人はマリー・ショテルという人で、近所の人から「マダム・マリー」と呼ばれて親しまれていた。アパートに入ると廊下があり、その前にマダム・マリーの部屋があり、わたしたちの部屋は二階にあった。ある日、朝五時ごろ、わたしたちはマダム・マリーに叩き起こされた。

「あいつらが来るよ！」

マダムは母とわたしをすばやく自分の部屋に押し入れると、掃除道具入れの戸棚に押し込め、戸棚の戸を閉めた。ベッドを出るときつかんできた洋服には黄色いダビデの星が縫いつけてあったが、戸棚の中に立ちすくんでいるあいだ、母はなぜか、それをほどこうとしていた。

捜索隊がやってくると、マダム・マリーはすぐに、どこにでもいる、本やお話にも出てくるような、典型的なアパートの管理人を演じ始めた。ゴシップ好きでユダヤ人嫌いのフランス人を、ペチャクチャとけたたましく。捜索隊を迎えると、彼女はこう切り出した。

「フランスからユダヤ人を一掃してくれるとは、嬉しいじゃないの。うちにまで来てくれるなんて、なんて光栄なの。さあさ、ワインをどうぞ」

捜索隊はわたしたちのことをしきりに尋ねた。

「ああ、あのユダヤ人ね。あの人たちときたら！　こんなみすぼらしい所に住みながら、とんでもない金持ちなんだから。別荘のある田舎へ行ってしまったよ。あたしなんか無理だけどね。あの人たちには金があるから」

そんな調子で延々としゃべり続けるので、捜索隊も本気にした。しゃべりながらマダムは、ワインをどんどんつぎ足した。一度、捜索隊の一人が疑いをはさんで言った。

「もしその話が嘘で、ユダヤ人がどこかに隠れていたら、おまえも同じ運命だぞ」

そして二階を見に行こうとすると、マダムは言った。

「あの人たちの部屋を見たいなんて言うんじゃないだろうね。ユダヤ人の暮らしぶりは知ってるだろう。すごく不潔なんだから。フランス人はきれい好きじゃない？　ドイツ人もそうよ。でもユダヤ人ときたら、とくにポーランドから来たユダヤ人はどうしようもないわ。汚らしくて」

そう言いながら、いくらでもワインをつぐので、捜索隊は立ち上がろうとせず、結局、二階へは行かなかった。そのあいだ、掃除道具入れの中につっ立ったままのわたしのなかで、二つの感情が湧いていた。一つは、「なぜユダヤ人やわたしたちのことをそんなふうに言うの？　ママは最高の主婦で、うちはいつもきちんとしているのに」というものだった。もう一つは（そのほうが強かったのだが）、「わたしは助かる」という気持ちだった。マダム・マリーに任せておけば安心だ。マダムはわたしを自分の子どものように思ってくれている。だからきっと守ってくれる。だからあれは演技なのだ、と。

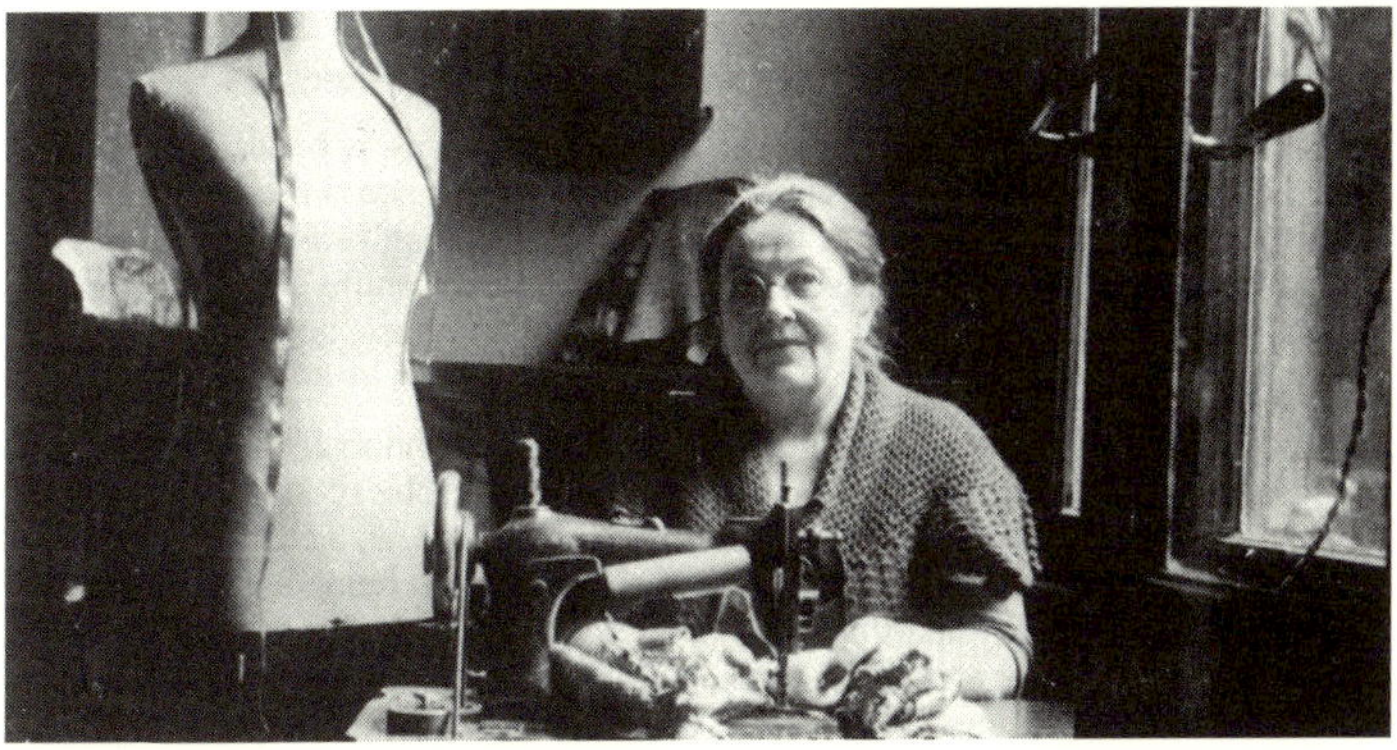

オデットと母親が住んでいたアパートの管理人、“マダム・マリー”。

マダム・マリーのご亭主は地下組織のメンバーで、みんなから「ムッシュー・アンリ」と呼ばれていた。誰かが仕事先へムッシューを呼びに行ったらしく、彼はすぐに帰ってきた。大柄な人で、まだ七歳の小さい子どもだったわたしは、大きなムッシュー・アンリに手を引かれて外に出た。今でもよく覚えているが、通りにはドイツ兵がうようよしていた。わたしは震えが止まらなかった。ムッシューに握られている手も震えていた。ユダヤ人をいっぱい乗せたトラックが何台も止まっていた。ムッシュー・アンリが言った。「足元を見て歩くんだ」。それは占領下のパリが子どもたちに繰り返す注意のように聞こえた。「声をかけられても返事をするな。目を上げるんじゃない。知らぬふりをして歩くんだ」

わたしは足元を見て歩き続けた。誰も声をかけてこなかった。やがて地下鉄の入り口に着いた。地下への階段を下りながら、「助かった」という安堵が込みあげてきたのを覚えている。

地下鉄の駅には人影はほとんどなかった。電車はなかなか来なかったが、やっと来た電車で列車に乗れる駅まで行った。そこにはほかの子どもたちもいて、わたしたちを田舎の隠れ場所へ連れていってくれる非ユダヤ人の女の人がいた。レジスタンス――レジスタンスのユダヤ人女性とレジスタンスのカトリックの人たち――が連携して、手配してくれたのだった。わたしはドイツ軍が撤退するまで、カトリックの村で暮らした。マダム・マリーがかくまってくれて、ムッシュー・アンリが安全な場所へ連れていってくれたおかげで、わたしはカトリックの人たちにかくまわれ、助かった。

もしムッシュー・アンリとマダム・マリーが助けてくれなかったらどうなっていたかは明らかだ。わたしはビルケナウのガス室で生涯を終えていた。あの日連れ去られたユダヤ人の子どもは全員死んだ。パリのユダヤ人の子どもの九五％が連れ去られ、助かったのはたった五％だった。連れ去られた子どもは全員、ビルケナウのガス室に送られ、生き残った者は一人もいなかった。あのとき助けられ、かくまってもらわなかったら、わたしの命はなかった。それは疑う余地もない。

いつも心の掃除を

マダム・マリーはとても素朴な人生哲学をもっていた。ユダヤ人のわたしたちに自分の宗教を押しつけるようなこともせず、ただわたしにこう言うだけだった。

「心はアパートと同じ。ちらかっていて、お客に出す食べ物も飲み物もなかったら、誰も来てくれない。でも毎日お掃除をし、埃を払ってきれいにし、花を飾り、食べ物や飲み物の用意があれば、お客も喜んで来てくれて、夕食までいようという気になってくれる。それも並はずれてよかったら、神様だって来てくださる」

悪いことをすると、彼女はわたしを高い丸椅子に座らせて壁に向かわせ、こう言った。

「どう？　お掃除が必要みたいね」

わたしは自分の心がどうして〝ちらかって〟しまったのかを考え、箒とちりとりを持ってお掃除をしなければならなかった。それが彼女の信条であり、彼女がわたしに教えてくれたことだった。わたしは今もそれを守っている。

マダム・マリーはわたしにとってとても大事な人だったので、「マリー」という名前だけでも、わたしには大きな意味があった。カトリックの村で暮らしたあいだ、カトリック信者として過ごさねばならず、知らないことがたくさんあって、戸惑うことが多かった。でも村の人たちが聖母マリアのことを親しみをこめて「マダム・マリー」と呼ぶのを聞いたとき、「もう大丈夫だ」と確信した。マダム・マリーがこの村にもいる、それなら心配ない、と。

戦争中、マダム・マリーが助けたのはわたしたちだけではなかった。わたしやわたしの家族とつながりのある人は誰でも守ってくれた。両親も、両親を知っているという人も、みんな。

マダム・マリーの夫の“ムッシュー・アンリ”（左）と、パリが解放されるまでカトリックの村にかくまわれていた頃のオデット。

母とわたしがカトリックの村に隠れていたあいだ、空き部屋になっていたわたしたちのアパートには、パルチザンやユダヤ人が大勢、隠れ住んでいたそうだ。マダム・マリーがわたしたちの部屋をほかの人たちの隠れ家に使ったのだ。それは彼女の裁量だった。彼女の裁量が間違ったことはなかった。

戦争が終わり、アパートに戻ると、隣の部屋に住んでいた若い女性の姿がなかった。一緒に住んでいたころ、わたしたちには危険な存在だった人だ。ドイツ人将校の愛人だったので、母がレジスタンスの人と話をしたり、うちへ人が来たりするたびに心配したものだ。アパートに戻り、彼女がいないことに気がついた母はさっそく尋ねた。

「あの人はどうしたの？　捕まって、髪を剃られでも？」

戦争中ナチスに協力した女性は、そんな仕打ちを受けていた。

マダム・マリーは、とんでもない、と打ち消した。

「誰が指一本触れさせるもんですか。わたしがうまくやって、無事でいるわ。彼女が戦争を起こしたわけじゃない。ただきれいな服を着て、りりしい制服姿の兵隊さんにオペラに連れていってもらうことを夢見ただけじゃないの。かわいそうに。戦争は彼女が起こしたんじゃない。彼女が悪いんじゃないわ。大丈夫よ。無事だから心配しないで」

マダム・マリーはそういう人だった。

天才は決まりを破る

「なぜ」とよく聞かれる。ユダヤ人を助けた人たちは、なぜ助けたのか。彼らの答えはたいていこうだ。

「何でもないことだ。どうしてそんなに大騒ぎをするのだ。当たり前のことをしたまでだよ」

わたしはその答えを信じる。

マダム・マリーもそうだった。彼女の場合もほかの人の場合も、まったく何でもないことだったのだと、わたしは思う。というのも、あの人たちは人間としてもっとも進歩した人たちだったからだ。ほとんどはいわゆる無学の、素朴な人たちだったが、ある意味の「天才」だった。

学者によれば、天才はしょっちゅう決まりを破るという。あらゆる決まりを破ると。わたしが助かったのは、マダム・マリーが思いと行ないと、さらにはライフスタイルで、決まりを破ったからだ。彼女は「正義の異邦人」であっただけではない。「人道の天才」でもあった。善の塊のような人だった。人間として高いレベルにまで進化した人、と言ってもいいと思う。

マダム・マリーは型破りの人生を過ごしてきた。ロレーヌ地方のバニフォス村で私生児として生まれ、学校へもほとんど行かずに育った。まだ子どものうちに住み込みの女中になり、それからウェートレスになり、最後にアパートの管理人になった。そして、人一人の命が管理人の胸三寸にあった時代に、わたしたちのアパートの管理人をしていたわけだ。アパートは四階まであり、すべての住人がマダム・マリーの管轄下にあった。

彼女自身、型破りな人で、結婚も正式にはしておらず、教会の規則もたくさん破っていた。教会にはたまにしか行かなかったが、でも心正しい生活を送っていた。率直で開けっぴろげで、威勢のいいしっかり者で、気配りが行き届き、しかも感じがよく、自分の領域は侵させない、また感傷的なところがまったくなく、どちらかと言えば、かなり現実的な人だった。わたしたち家族が彼女の管理下に入ったのは本当に幸運だった。

両親が彼女のアパートに入ったとき、ほかにはユダヤ人はおらず、近所には反ユダヤ主義の人もいた。それに気づいたマダム・マリーは、わたしが生まれたとき（もちろん、自分に子どもがいなかったので赤ん坊との特別のつながりを求めた、ということもあるかもしれないが）、アパート中に、そして広く世間にも、自分はオデットのゴッドマザー（教会で洗礼を授けるときに立ち会う名付け親〕だ、と宣言し、この問題にケリをつけた。

彼女はカトリックだったが、教会の言い分など関係なかった。彼女のすることは、どちらかといえば、世の中の主流や教会の意向から外れていることが多かった。「オデットのゴッドマザーである」とみずから宣言した彼女は、この件については誰にも疑いをはさませなかったし、異議も唱えさせなかった。自分の管理下では、わたしたち家族に対する反ユダヤ的行為はいっさい許さなかった。

あなたがその人になりなさい

いい人、素朴な人というのは、悪い人のように単純明快ではない。いい人たちのことが話題にならないのは、それも理由にあるのではないだろうか。マダム・マリーのような人は、ユダヤ人を助けた人たちのなかに大勢いたと思う。危険を冒してユダヤ人を助けた人たちは、いわゆる素朴な人が多かった。

わたしはこう考える。彼らは正式な教育機関で教育を受けなかったために、常に自分で考えて解決しなければならなかった。教わったことを守るのではなく、何でも自分で考えた。すべてについてそうしなければならなかった。心をアパートにたとえ、毎日きれいにしておかなければならないと言ったマダム・マリーの話はそれを物語る。生活しながら考え、考え直しながら生活する。常にそうしていなければならなかった。マダムはよく言っていた。

「価値観というのは、世の中の物事に対して自分がどう応えるかだと思う。外から与えられるものじゃない」

社会には、すべての人を同じように造りあげようとする部分がある。マダム・マリーのような人はそういう部分からはみ出しているので、しょっちゅう、自分一人で考え、自分一人で決断することが多い。大事なことは、マダム・マリーが自分の心で考えた、ということだ。だからわたしたち母子や、わたしたちとつながりのある大勢の人を助けたのかもしれない。

彼女の信条は、自分の心、自分の良心、自分の頭で考えて出した結論から生まれたものだった。その時その時、その場その場で、彼女は、わたしにもしろと言ったことを自分でもしていた――毎日、心の掃除をし、万事、大丈夫かどうか確かめるということを。彼女はわたしの命だけでなく、魂も救ってくれた。

わたしの好きなユダヤの諺《ことわざ》がある。「そこに、人間らしい人がいなかったら、あなたがその人になりなさい」。人間らしい人間になるには、エネルギーと強い意志が要ること、自分の経験をもとに一人で一生懸命考えなければならないことを、わたしはマダム・マリーから学んだ。

――オデット・メイヤーズはホロコーストで生き残ったユダヤ人である。当時少女だった彼女は、フランスのカトリックとレジスタンスの人びとに助けられ、かくまわれた。米カリフォルニア州バークレーで大学教授を務め、詩も書いている。

それが正しいと思ったから――オランダ

ジョーティ・ボス

わたしは厳しいキリスト教徒の家に生まれた。三人姉妹だったが、三人とも何か悪いことをすると厳しく叱られた。正しいことをしたときは何も言われなかった。正しいことをするのは当たり前だと思われていたからだ。

だから戦争中にわたしたちがしたことがたいへんなことだったなどとは、今でも思わない。英雄などと呼ばれたくないし、「正義の異邦人」という呼び名にも抵抗を感じる。正直言って、わたしは自分が「正義の人」だとも思わないし、「異邦人」だとも思っていない。

世の中にはいろいろな考え方があるものだ。ナチス占領下のオランダでユダヤ人を助けた人たちについて語ろうとしたら、そのことも考えなければならない。当時、ユダヤ人を助けた人もいたが、助けなかった人もいた。助けた人のなかにはユダヤ人もいたが、非ユダヤ人もいた。

同じように、ユダヤ人のなかにも、助かりたいと思った人と、助けてもらいたくない、与えられた重荷を背負いたい、という人もいた。そういうことを念頭においておく必要がある。

戦前のオランダには、少なくともわたしの経験では、反ユダヤ主義などというものはなかった。子どもたちは他人を受け入れ、他人を敬う気持ちを教わりながら育った。もちろんわたしも夫も、人種、肌の色、信条、国籍が違うからといって差別するようなことを言うのはとても悪いことで、失礼だと教わって育った。だからユダヤ人を区別するような気持ちはまったく起こらなかった。わたしたちはユダヤ人を同じ人間として受け入れた。それだけのことだった。

あのときそうしたのはなぜか

いつも聞かれることが二つある。一つは「なぜ戦争中にユダヤ人を助けたのか」であり、もう一つは「またそういうことがあったら、やはりそうするか」である。後の質問にはすぐに答えられる。「わからない」と。わたしは今でも、自分が正しいと思うことを一生懸命やっている。地域の平和同盟の運営委員になっているのも、高齢者のためのボランティア活動や、エルサルバドルの避難民救援活動をしているのもそれだ。夫もわたしも自分たちが正しいと思うことのために活動し、支援の手を差しのべている。今は当時と違い、命を危険にさらすようなことはない。だから、またそうするかどうかということは状況による。では、あのときそうしたのはなぜか。

わたしたちは、夫婦で前もって話し合い、さあユダヤ人を助けに行こう、と言って出かけたわけではない。たまたまそうなっただけである。実際、とっさの反応だった。そのときどういう反応をするかは、運命や育ち方、性格、隣人に対する愛情、とくに神への愛に関係すると思う。また、何があっても動じない、楽観的性格もあると思う。わたしは「平気よ、やれるわよ」というほうだから。

またわたしの場合は、幸せな結婚をしていることも強みになった。家庭に自信があれば、他人に対しても自信がもてる。この強みをもてない人もたくさんいた。「わたしにはできない」と言った人を責めることができるだろうか。そういう人のなかには、家の中にいさかいが絶えず、家族が信頼し合えない、不幸な人もいた。

また、その人を助けると、かくまったユダヤ人も、自分の家族も危ないことが明らかな人もいたし、家族に手のかかる病人がいる人、場所的にぜったい不可能な人もいた。例えば隣がオランダ・ナチスの本部だとか、である。だから助けなかった人の状況が全部わかったら、助けようとしなくてよかった、と思うかもしれない。一方、助けたとしても、自分も、かくまった相手も殺される、どうせ失敗する、と先に思ってしまった人もいた。つまり、自分に自信がなかったのだ。自信がないと、出せる力も出せなくなるものだ。

ドイツが占領した国のなかには軍人が占領した国もあったが、オランダはドイツの「文民」の支配を受けた。軍人は必ずしもヒトラーびいきとは限らず、ユダヤ人嫌いばかりではなかった。徴兵され、義務で兵役に就いている者もいた。だがオランダを占領し、政府を掌握したのは全部ナチだった。彼らはヒトラーがしていることに全幅の信頼を寄せている、非常に狂信的で危険な人びとだった。それも、オランダがデンマークのようにいかなかった理由である。

信念があったから

ユダヤ人のなかには自ら死を選ぼうとする人がいた。アムステルダムのゲットーに知り合いがいたので、夫と行ったときのことだ。小さな子どものいる若夫婦に、わたしたちは声をかけた。

「うちへ来て隠れなさい。もう何人もかくまっているの。まだ二、三人入れる。居間に一つ二つマットレスを入れればいいのだから。そうしなさい。ここから逃げだす手助けもするから」

わたしたちは地下組織のメンバーだったので、隠れ家まで連れていく手だてもあった。

すると夫のほうが言った。「だめです。できません」

わたしたちは思わず「どうして？」と聞いた。すると、彼はこう言った。

「ぼくはユダヤ人です。これは神がユダヤ人に与えられた苦難なのです。それを受けないのは道に反すると思います。これには何か理由があるはずです。だから受け入れなければならない。捕まってドイツか収容所に連れていかれるのなら、黙って従います」

わたしは言った。「立派な考えだこと。勇敢で、気高くて。でも子どもはどうするの？　三

（上）アート・ボス（後列右から２人目）と妻ジョーティ・ボス（右端）、ボス家の４人の子ども、それに夫妻がかくまっていたクルト・デルモント（後列左端）とモアンナ・ヒルフマン（前列左端）。
（中）ボス夫妻が庭に掘った防空壕に入るボス家の４人の子どもたちと、モアンナ(左から２人目)。
（下）モアンナ・ヒルフマンはアムステルダムに住んでいたユダヤ人の子どもで、戦争中、ボス夫妻にかくまわれ、助かった。

歳の子どもはどうやって判断するの?」

するとと彼は答えた。「代わりに親が判断するしかありません」

結論から言えば、この件はうまくいった。いよいよ連行されるという日、家族が連れ去られるほんの一〇分前に、子どもは助けられたのである。地下組織のメンバーが子どもを連れ出し、わたしたちのところに連れてきてくれたのだ。その子は今でもわたしたちの娘同様にしている。

いきさつはこうだ。ナチスはユダヤ人を強制連行すると、その後、電気屋に、家の電気を切らせていた。よく泥棒が入り、火事が起きることもあったからだ。そんな電気屋のオランダ人がいた。名前は知らない。だが彼こそ英雄だ。彼はドイツ人と一緒にユダヤ人の家を回り、電気を切っていた。強制的にやらされていた仕事だったのだが、それが子どもを助けることになった、というわけだ。

行った先に、その若いユダヤ人夫婦がいた。いよいよ立ち退くという最後の瞬間、妻のほうが電気屋に言った。「親の信条で子どもを犠牲にはできない」

そこで電気屋は答えた。「わかった。俺にまかせろ」

子どもが腕を骨折していたのが幸いした。電気屋は子どもを自転車の後ろに乗せ、ナチに見とがめられると、「娘が怪我をしたので医者に連れていく」と言った。ナチは信じ、電気屋は子どもをわたしたちの家へ連れてくることができた。そして庭に子どもを降ろすと、黙って姿を消した。いつかその電気屋を見つけ、お礼を言いたいと、今も思っている。

怖くなかったかと聞く人がいる。もちろん、死ぬほど怖かったたし、実際、もうだめかと思ったこともある。わたしも一度、ゲシュタポに捕まったし、夫も刑務所に入れられた。家《や》捜しをされたこともある。うちでは三六人、かくまっていた。ユダヤ人が三二人と、ユダヤ人以外の、やはりゲシュタポに追われていた人が四人。ただ、うちには、近くの自然保護区に通じる地下道が作ってあったので、危ないという知らせが入ったり、村が包囲されたとわかると地下道へ逃げ込めた。みんなが助かったのは、そういうことができるような家だったからだ。

困難な時期もあったし、怖い思いをしたこともある。でも、少しだが、役に立つことができた。そうしたのは、それが正しいと思ったから。ナチス占領下のオランダでユダヤ人を助けることができたのも、その信念があったからだ。

——ジョーティ・ボスと夫アートは、オランダの地下組織に加わり、ユダヤ人救出に携わった。戦後アメリカに移住。二人ともヤド・バシェムから表彰された。

怒りに駆られて——オランダ

マリオン・プリチャード

一九四〇年五月一〇日、オランダはドイツ軍の侵略を受けた。寝耳に水だった。第一次世界大戦ではオランダは中立を保つことができ、今回もそれを望んでいた。わたしの家はドイツ国境に近いナイメーヘンにあったが、その朝未明、頭上を飛ぶ戦闘機の大編隊の爆音で目が覚めた。見ると道路にはドイツ軍のオートバイが並んでいた。ドイツ機の飛来がいつものイギリス空襲のためでないことは明らかだった。オランダを攻撃しに来たのだ。敵の兵力は圧倒的で、オランダ軍が五日間持ちこたえたことさえ奇跡だった。

打ちこまれたくさび

オランダ人には反ユダヤ主義が通じないことを、ドイツ人は知っていた。オランダが降伏すると、占領軍はあからさまな教育宣伝活動を展開し、一般市民をナチスのイデオロギーに洗脳しようとした。ユダヤ人を隔離し、それから集合させて移送するのに、一般市民多数の支持があれば、ずっとスムーズに進められることは言うまでもない。

わたしは「永遠なるユダヤ人」という映画を見たのを覚えている。一緒に見た社会事業学校の友達のなかにはユダヤ人の友達もいた。映画はあまりにもえげつなく、誰がまじめにとるだろうと思うような、説得力のないものだった。しかし翌日、キリスト教徒の友達の一人が言った。「恥ずかしいことだと思うけど、映画を見て気持ちが少し変わった。ドイツの支配に反対する決意が強まった一方、ユダヤ人を自分たちとは違う人間として見るようになった」と。

そう感じたのは彼女だけではなかった。こうしてヨーロッパのどこよりもユダヤ人が同化していたオランダに、ドイツ人はくさびを打ちこんだのである。

ドイツ人は、オランダ国内のユダヤ人を隔離し、最終的に一人残らず国外に移送するために、必要な措置を徐々に実行しはじめた。そのやり方は、一見何でもないようなことを一つひとつ、段階的に実施するので、いつどこでこっちの態度を明らかにすべきか、判断が難しかった。初期の措置で重要なものに、「アーリヤ人証明」がある。すべての公務員はアーリヤ人であるか否かを記載した書面に署名しなければならない、というものだった。後からあれこれ言うのは簡単だ。だが当時、危険を察知して署名を拒否したのは、先見の明のあった一握りの人たちだけだった。

これに続いてさまざまな命令が出された。ユダヤ人は、それぞれの町の、指定されたユダヤ人居住区から出てはいけない。一般のオランダ人よりも厳しい、夜間外出禁止令。七歳以上のユダヤ人は衣服に黄色い星をつけなければならない。ユダヤ人の子どもは非ユダヤ人と同じ学校に通ってはならない。開業してはならず、公共の交通機関を利用してはならず、タクシーに乗ってもいけない。一般の店での買い物、海水浴場、公園、映画館、劇場、美術館への出入りも禁じる。「ユダヤ人評議会」は広報紙を毎日発行し、これらの措置を公告すること。一般のドイツ紙はユダヤ人に関する記事の掲載をいっさい禁止する。

そして一九四二年、強制移送が本格的に開始された。

父子四人をかくまう

ある朝、登校の途中、幼児から八歳までのユダヤ人の子どもを収容している小さな孤児院の前を通ったとき、ドイツ人が子どもたちをトラックに乗せているのに出会った。子どもたちは恐怖から、泣きながら行動していた。のそのそしていると、ナチは腕や脚や髪の毛をつかんでトラックに放り上げた。

大人が小さな子どもをそんなふうに扱うのを初めて見たわたしは、自分の目が信じられなかった。怒りが込みあげ、わたしは声を上げて泣いていた。大人の女性が二人、通りを走ってきて止めに入ると、ドイツ人はその二人もトラックに乗せてしまった。わたしは自転車に乗った

ユダヤ人ゲットーの中の通り（アムステルダム）。

アムステルダムのユダヤ人学校の子どもたち。

まま、その場を動けなかった。そのとき決心した。このような暴挙を阻止できることがあったら何でもする、と。

友人にも同じような体験をした人がいた。そんなわたしたち約一〇人は、何かしようと団結した。なかに、隠れ家に入るのをよしとしないユダヤ人の友達が二人いたので、まずこの二人のためにアーリヤ人の身分証明書を入手した。二人が冒そうとしている危険は、わたしたちより大きいことは明らかだった。彼女たちは、アンネ・フランクの家族のように隠れ住みたいと思っている人をたくさん知っていた。

わたしたちは隠れ家になるような場所を見つけ、移り住む手伝いをし、食糧、衣服、配給券を差し入れ、時には受け入れ家庭に対する精神的支援も行なった。新しく生まれたユダヤ人の赤ん坊（もちろん戦争中、新しく生まれる赤ん坊は数少なかったが）は、キリスト教徒として届け出た。医者の手配などもできるだけした。

そうしているうち、父親と子ども三人が隠れられる場所を探してほしいと、友人の男性二人――そのうちの一人はオランダ・レジスタンスのリーダーになっていた――から頼まれた。子どもは、男の子が二人（四歳と二歳）と生後二週間の女の赤ちゃんだった。適当な場所がなかなか見つからず、結局わたしがアムステルダムの東約三〇キロのところにある、大きな田舎家に引っ越し、そこへ父子を隠すことになった。

その家は、両親の親しい友人であるお年寄りの家だった。わたしたちは戦争が終わるまで二

マリオン・プリチャード（右)。左は、彼女がかくまったポラック氏と
３人の子どものうちの２人。

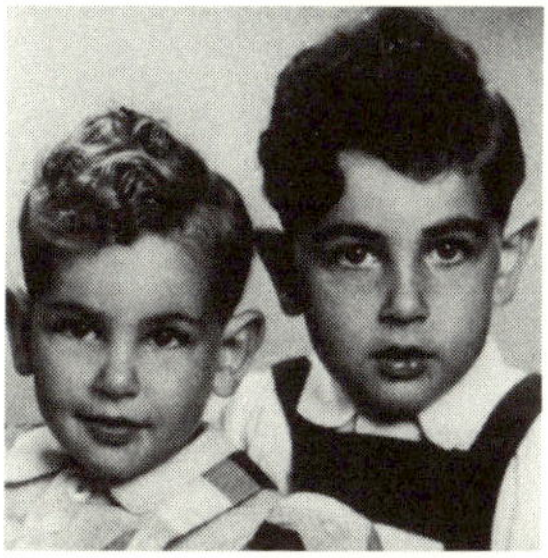

トム・ポラック（右）と弟のレックス。戦争中の写真。

年間、そこで無事に暮らすことができた。わたしの友人たちが、じゅうたんを上げた床下に、隠れる場所を作ってくれた。家捜《や》しは日を追うごとに頻度を増した。本当に危機一髪のこともあった。

ある晩、四人のドイツ人とオランダ・ナチ党員の警察官が家捜しをしにやってきた。隠れ場所は見つからなかったが、捜索隊のほうもそれまでの経験から、いったん引き上げた家に戻ってみる甲斐があることを知っていた。隠れていたユダヤ人が出てきているかもしれないからだ。わたしは、赤ん坊が泣きだしたので、子どもたちを出してやった。そこへオランダ人の警察官が一人で戻ってきたのである。

わたしは友達がくれた小型のリボルバーを持っていた。使うことなどないと思っていたが、そのとき、この男を殺すしかない、と直感した。再び同じ状況になったら、やはりそうしたと思うが、いまだにいい気分ではない。別の方法があった〝はずだ〟という思いがどこかにある。いなくなった警察官については、いつ、どこでいなくなったか、本当に調べようと思えば調べられたはずだが、村人の大半は、これで心配しなければならない裏切り者が一人減った、と思った。死体は地元の葬儀屋が処理してくれた。ちょうど本物のお葬式があり、柩の中に一緒に入れて埋めてくれたのだ。亡くなった方の遺族がそのことを知っても、許してくれたと思う。

怖くなかったかって？　答えはもちろん「イエス」だ。とくに一度投獄され、釈放されてからは。恐怖に負けて、できることをしなかったこともある。それを正当化したこともある。ほかの人も危険に巻き込む可能性があるとか、危険を冒すべきじゃない、わたしに万一のことがあったら預かっている三人の子どもはどうするのだ、とか。それが言い訳であることは自分にもわかっていた。

なぜ助けたか

よく聞かれる質問がある。なぜ助ける決心をしたのか。

それに答える前に、ちょっと聞いてほしい。こういう疑問を抱く人がいる——同じ非ユダヤ人でも、なぜ一部の人は行動し、ほかの人は傍観していたのか。わたしは、戦争中の一般国民を、一部の「いい人」と大部分の「悪い人」とに分ける考え方には困惑する。そういう極端な単純化は危険だと思う。

例を二つ挙げたい。一つはあるオランダ人家族の例、もう一つはドイツ兵の例だ。

あるとき、ユダヤ人の赤ん坊をオランダ北東部まで連れていかなければならないことがあった。赤ん坊を引き取ってくれる家族が見つかり、その家族が心変わりすることはぜったいにないと言われていた。戦争中のことで、列車の旅は楽ではなく、時間もかかった。赤ん坊はぐずりだし、わたしはへとへとになって目的地に着いた。ところが、駅で探すように言われた人を見つけると、預かってくれるはずの家族がだめになったという。裏切りにあい、家族は逮捕されたというのだ。

わたしと赤ん坊の様子がただごとではなかったに違いない。最初、伝えるだけのことを伝えて早く帰りたいという態度だったその人が、「うちへ来て、少し休んでいかないか」と言ったのだ。しかも、「妻が赤ん坊にミルクをやってくれるかもしれない」とまで言ってくれた。

案内されたのは、村のはずれにある小さな家だった。家の中は暖かかった（当時としては最高のぜいたくだった）が、暮らしぶりは、それほど裕福でないのは明らかだった。わたしは腰を下ろすとすぐに眠りこんでしまった。目を覚ますと、奥さんが赤ん坊を着替えさせ、ミルクをやり、あやしながら子ども——四、五人いたと思う——に説明しているではないか。

「この人（わたしのこと）のために祈ってあげましょう。この人は結婚していないのに子どもを生んだ罪深い人なの。その罰として、赤ちゃんはうちで育てることになったの。赤ちゃんには二度と会えないのよ」

ご主人はわたしを駅まで送りながら、あんなことを言ってすみません、と言った。だが、口うるさい村人が、赤ん坊のことを子どもたちにあれこれ聞いたとき、説得力のある話ができるようにしておかなければならなかったのだ、と。

彼らはなぜこのような態度をとったのだろう。ユダヤ人をかくまったオランダ人のなかには、そうすることがキリスト教徒としての道であり、神が望まれることだと思ったから、というゆるぎない信念からそうした人がたくさんいる。この家族も、同じ理由で行動した。ほかのオランダ人が同じことを言うのを聞いたこともある。

ドイツ兵の場合

もう一つはドイツ兵の例だ。一九四四年から四五年にかけての冬、西部ではひどい食糧不足になり、何千人もの女や子ども、それに幾人かの男性が、北部のフローニンゲンやフリースラントまでとぼとぼ歩いて行き、農家で粉やじゃがいも、さらにはバターやベーコンを、買ったり、物々交換したり、あるいはただで分けてもらったりしていた。

その日、わたしも自転車（そのころにはタイヤなどなく、リムだけの）で出かけ、自分のフルートや家族が持っていた銀食器と交換に、わずかではあったが当時としてはありがたいほどの食糧を手に入れることができた。街道筋も、ドイツ兵が始終巡回していた。一番危険な所はズウォレの近くの川岸だった。そこでアイセル川という大きな川を渡らなければならない。街道筋では、いつなら橋が渡れる、どこに行けばボートがあり、いくら払えば渡してもらえる、といった噂がいっぱい流れていた。

その晩は、夜間外出禁止時間の一時間前なら安全に渡れそうだ、という話だった。わたしたち約四〇人は橋に近づいた。しかしドイツ兵に止められ、荷物を調べられ、逮捕されてしまった。そしてドイツ兵が司令部に使っている建物に連れていかれ、「食糧は没収するが、おまえたちは朝になったら帰宅してよい」と言われた。

わたしは堪忍袋の緒が切れた。どうにでもなれ、という心境だった。そしてこの四年間に積もり積もっていた怒りをぶちまけた。ほかの人が、わたしの身を案じて止めるのも聞かず、この戦争、ドイツ人一般、ヒトラー、強制収容所をわたしがどう思っているか、ドイツ兵に向かってぶちまけたのである。

兵士は何の反応も見せなかった。翌朝、そのうちの二人がわたしを外へ連れ出した。何をされるのかわからなかった。しかし、彼らはわたしに自転車と食糧の入った袋を返してくれ、わたしをトラックに乗せて橋の向こうまで運んでくれたのだ。

なぜだかわからない。お互い、何も言わなかったから。だが兵士たちがたいへんな危険を冒したことは事実だ。人間らしい心が残っていたからだとしか思えない。

美徳でも倫理でもなく

わたしが言いたいのはこういうことだ。確かに、隣人であるユダヤ人を裏切り、死にいたらしめるという犯罪的行動をとった人もいた。一方、できるだけ多くの人を助けようと積極的に行動した献身的な人びともいた。そしてその間には、ユダヤ人が隠れているのを知っていたが黙っていただけという人から、頼まれたから何かしたという人まで、さまざまな人がおり、それが大多数だった、ということだ。

わたしの場合は、自分がしたこと以外には頭に浮かばなかった。あの孤児院の前であったことを見てからは、それしかできなかった。わたしたちは誰でも、人道にかなった振る舞いをする責任がある。それは自分に対する責任だ。すべきことをしなかったということは誰にでもあるだろうが、それは生涯、心のどこかに引っ掛かっているものだ。

今考えると、そしてアリス・ミラーの名著『魂の殺人　親は子どもに何をしたか』(山下公子訳、新曜社)を読んで思うことは、愛する勇気とか高潔性とか愛する能力といったものは、美徳でもなければ倫理でもなく、幸運のたまものだ、ということだ。

わたしの場合は、両親が黙ってわたしの話を聞いてくれて、自分で考え、行動するよう、事あるごとに仕向けてくれた結果だ。言うまでもないが、両親はどんな体罰も与えなかった。また「聖公会」(キリスト教の一教派)のなかで育ったことからもよい影響を受けた。子どものころから、人はみな兄弟であり、お互いに面倒を見合わなければいけない、と固く信じて育った。本当にそう信じ、自分に恥ずかしくない生き方をしようと思ったら、そういう行動をとるしかないではないか。

——マリオン・P・バン・ビンスベルゲン・プリチャードは、ドイツ占領下のオランダでユダヤ人を助けたとして、一九八三年、ヤド・バシェムから表彰された。戦後、アメリカへ移住し、精神分析医になった。

わたしを助けてくれた人びと――オランダ

マックス・ロスチャイルド

わたしはドイツで生まれた。青年時代は、パレスチナに入植してイスラエル国家を建設するための訓練に熱心に参加していた。この運動はオランダでは「パレスチナ・パイオニア」と呼ばれていた。

一九三八年、わたしたちユダヤ人の若者はブッヘンバルト収容所に入れられた。しかしオランダのウィルヘルミナ女王のはからいで解放され、二百人の若者が、男も女も、オランダの農場で働きながら訓練を続けることを条件に、オランダへの入国を認められた。でも、それからまもなくオランダもドイツに占領され、わたしたちは再び逮捕されてしまった。

収容所か地下活動か

一九四二年夏、わたしたちは身を隠すか否かの決断を迫られた。簡単には決められなかった。自分たちは若い。元気もある。隠れて住んでも、ほかの人より頑張れるだろう。仕事を通じて、オランダ人の農家や労働者や非ユダヤ人市民とのつながりもある。でもほかのユダヤ人はみんな、移送されている。わたしたちも一緒に収容所に入り、年長者を助けるのが義務ではないか。大人の精神的支えになり、力になり、大人の人たちと一緒にいるのが。そう思ってみんな悩んだ。これまであまり論じられなかったことだが……。

わたしたちのグループのなかに、看護師として精神病患者の世話にあたっていた人たちがいた。精神病患者は最初に連れていかれたなかに入っていたが、彼女たちは患者を見捨てることができず、患者に付き添って収容所に入り、最初にガス室で若く美しい命を落とした。わたしは彼女たちこそ英雄だと思う。今までほとんど語られたことがないが、機会があったら彼女たちのことを記録に残したいといつも思っていた。

身を隠すべきかどうか、なぜそんなに迷ったのかだが、わたしは連合国を糾弾したい。わたしたちはイギリスのBBC放送を密かに傍受し、それを頼りに生きていた。毎日、BBCのニュースを拠りどころとし、指針を求めた。連合軍がわたしたちに伝えたいことは何か、わたしたちにどうしろと言っているのか、と。

一九四二年の夏――今でもはっきり覚えている――その日はシェークスピアとかその手のどうでもいい番組が二、三あっただけで、ナチスに関するニュースは、ドイツは崩壊寸前であり、

1940年５月10日、ドイツはオランダに侵攻した。

戦争は二、三週間のうちに終わるだろう、と簡単に伝えただけだった。そのときのことを覚えている人は、わたしの言いたいことを支持してくれると思う。

この楽観的見通しを聞いた結果、みんなは、「なんだ、あと二、三週間だとさ。ブッヘンバルトで四週間とか四カ月とか頑張れたのだから、ここであと二、三週間頑張るくらい何でもない」と思った。そして「収穫の手伝いをするために、いつ、どこどこへ出頭せよ」という通知が回ると、ナチスの意図を疑いもせず、「収穫の手伝いをしに行こう」と言い合ったのだ。

わたし自身も考えが甘く、身を隠し、地下活動に加わる気になかなかならなかった。ナチスを信用しない妻と、わたしが隠れる気になるまで説得してくれた人たちがいなかったら、今、わたしは生きていない。

結局、何人かのユダヤ人の若者と一緒に、わたしは地下に潜伏した。みんなが助けてくれた。隠れ場所を転々とし、最後、ロッテルダムで抵抗運動を試みているうちに解放された。

二七人のユダヤ人を救った庭師

ユダヤ人を助けた人びとの動機は何だったのだろう。彼らはどういう人たちだったのだろう。実は、わたしはユダヤ神学校を卒業した、ユダヤ教徒、宗教家である。わたしの考え方にはそういう背景が影響しているかもしれない。

ユダヤ人を助けた人たちのなかには社会民主主義者がいた。ある女流詩人の影響を受けた宗教的社会主義者もいた。その詩人はハリエット・ローランド・ホルストというすばらしい女性でユダヤ人の受難を詠った彼女の美しい詩が地下に潜伏する人びとの間で回し読みされていた。

平和主義者もいた。妻とわたしを助けてくれた友人は平和主義者で、戦前、オランダ植民地軍に入るのを拒否し、投獄された経験をもっていた。

彼らは何に動かされて、ユダヤ人を助けたのだろうか。このことを、わたしたちは何年も考え続けている。なぜ自分の命を危険にさらしたのか。なぜわたしたちをかくまい、最後の一かけらの食べ物を分けてくれたのか。

裏切られるかもしれない、殺されるかもしれないという心配、恐怖から一時《いっとき》も逃れられないような生活を、なぜ何日も、何週間も、何カ月も、続けたのか。実際、そのために命を落とした人がたくさんいたのだ。

そんな一人に聞いたことがある。彼は二七人のユダヤ人を救い、今はカナダでトレーラーハウス生活をしている。素朴な人で、戦争中は庭師をしていた。わたしが、ウィレムはなぜユダヤ人を助けたのか、と聞くと、彼はこう答えた。

「どういう意味だい、なぜ、とは。俺は、俺に害を及ぼすやつを許さない。他人に害を及ぼすやつは誰だって許さない。俺は哲学なんぞもっちゃいないし、教会にも属していない。だが正義に反することを見たら、黙っちゃいない」

表彰を断わる人びと

わたしを助けてくれた人たちにはもう少し知的な裏づけがあったかもしれない。彼らには平和主義の哲学が動機になっていた。彼らにとってユダヤ人を助ける活動は、消極的抵抗、非暴力抵抗の一つの形だった。彼らはオランダの貧困救済運動のメンバーで宗教心のある人が多かったが、活動の重点は、恵まれない人びとのための活動、教育活動など、〝実践〟にあった。

わたしたち夫婦を助けてくれたニーク・シュハウテン(長年ロッテルダムの社会事業学校の校長だった)は、一九四三年の夏、友達と二人でゲシュタポの制服を着、例のゴムタイヤの自転車でユダヤ人居住区の家々を回り、こう言って歩いた。「ゲシュタポだ。子どもたちを連れていく」。そして子どもたちを自転車の後ろに乗せ、助け出そうとした。

そのとき、ませた男の子が、「おじさんたち、ゲシュタポじゃないでしょう。知ってるもん」と言ったが、二人は、「黙れ、さもないと！」と言って黙らせた。

このようにして、二人は子どもたちを助けた。ほかにも大勢の人びとを助けた。わたしたち夫婦とシュハウテン夫妻とは、今も親しく交際している。シュハウテン夫妻は自分の子どもの一人に、わたしの妻の名をとってつけたくらいだ。お互いに行き来し、夏休みを一緒に過ごしたりもしている。わたしたちの親戚にはイスラエル人もいるので、わたしたちもよくイスラエルに行く。シュハウテン夫妻をイスラエルに招いたこともたびたびある。

彼らをはじめ、ユダヤ人を助けた人びとには表彰を断わる人が多い。なぜインタビューされたり、特別扱いされなければいけないのかわからない、と言う。戦争中にしたことを忘れ、ただわたしたちの友人として、これまでどおり生活したい、と言う。

それこそ彼らの偉大な徳というものだ。


――マックス・ロスチャイルドはドイツ生まれのユダヤ人で、ホロコーストの最中、オランダの地下組織に助けられ、ゲシュタポの手を逃れることができ、生きのびた。

何かしなければ——ポーランド

ヘルマン・グレーベ
マリア・ボブロー

ヘルマン・グレーベ　わたしは技師で、一九三〇年代後半から戦争中にかけて、ドイツのゾーリンゲンにあるヨーゼフ・ユンクという建設会社に勤めていた。

主に住宅建設に従事していたが、一九三九年九月以降は、ドイツ西部国境の要塞線「西の壁」で掩蓋《えんがい》陣地の構築に携わった。要塞建設は、「トート」という組織が統括していた。わたしに人事管理の才能があることを認めたトートは、一九四一年六月二二日にドイツがソ連に侵攻すると、わたしにウクライナ行きを命じた。

トートのベルリン事務所から届いた電報には、リボフにあるドイツ帝国鉄道公社の出張所に出頭せよ、と書いてあった。マックス・ユンクが「会社を辞める必要はない」と説得してくれたので、わたしも「ウクライナにいるあいだに、会社のために鉄道建設の契約が取れるよう努力する」と約束した。

一九四一年九月、わたしはスドルブノフに赴任し、そこにユンク社のウクライナ支社を開設することになった。まず、いろいろな職種の人間を集めなければならなかった——技師、製図工、建設労働者などなど。また、ポーランド語、ロシア語、ウクライナ語、ドイツ語が話せる秘書が必要だった。

幸運にも、わたしが話せない東欧の言語を四、五カ国語話せる、協力的で有能な秘書を雇うことができた。名前はマリア・バルヒフカーといった。ユダヤ人で、一カ月か一カ月半前、夫が一五〇人とか二百人とかのほかのユダヤ人と一緒に、SS（ナチス親衛隊）の絶滅部隊（移動銃殺隊）に殺された、と言っていた。

マリア・ボブロー　戦争が始まったとき、わたしはポーランドで新婚生活を送っていた。ユダヤ人だったのでドイツ軍がやって来るとわかったとき、わたしたちはソ連へ逃げようとした。でも逃げても同じだった。国境に近い小さな町に移り住んだのもつかの間、ドイツはソ連にも侵攻してきたからだ。状況がよくないことはわかっていたが、どれほど悪くなるかはわかっていなかった。ナチスが来て五週間後、夫は連行され、ほかのユダヤ人男子約二五〇人と一緒に殺された。家から連れていかれ、牢に入れられ、大きな穴の周りにほかのユダヤ人と一緒に集められ、銃殺され、埋められた。何ということだ。ショックだった。一人残され、放心状態になった。

少しして労働局から、家の近くで働くために届け出よ、という命令を受けた。一六歳から六五歳までの女性は全員、働くことが義務づけられた。履歴書にドイツ語をはじめ数カ国語がわかると書いたので、すぐに、グレーベさんが所長をしていたドイツの会社に配属された。わたしがドイツ語ができたので、グレーベさんはわたしを呼び、翻訳ができるかと聞いた。できると答えると、技術的な文書の試訳をさせ、それができたので、そこで働くことになった。

わたしのほかにもう一人、クララというポーランド人の女性が翻訳者として配属され、小さな部屋で一緒に働くことになった。こちらにグレーベさんの机、反対側にベッド、床には書類の山、それに電話が一台。それだけだった。クララもわたしもユダヤ人で、二人とも黄色い星を体の前と後ろに一枚ずつ縫いつけていた。

グレーベさんはほかの人と違っていた。わたしに、なぜ教師をやめたのか、と聞いた（戦前、わたしは教師をしていた）。そういうことを聞かれるのは嫌だった。彼の行動も嫌だった。彼のほうが普通のようにも思えたが、それまでユダヤ人に普通の行動をとるドイツ人はいなかったからだ。怒鳴られ、こづかれ、追い立てられ、放り出されるのが当たり前だった。

ロブノで虐殺が

ある日、出勤すると、掃除をしていた掃除係から、わたしたちの町より大きい、隣のロブノ市で「アクツィオン」（ユダヤ人狩り）があった、と聞かされた。一晩に、女、子ども、老人など約五千人が殺されたという。彼は牛乳屋から聞いたと言った。掃除係は、実は昨日の晩、おかしなことがあったのだと言って、次のような話をしてくれた。

フランツ・ローゼンツバイクという、グレーべ所長の下で働く大工が、その晩所長に会いたいと言ってきた。グレーべ所長はこの大工が気に入っていた。腕のいい職人を見つけることが困難なこの時代に、彼は常にいい仕事をしたからだ。大工はこう願い出た。妻と子どもと両親がロブノにいるが、ロブノのユダヤ人は近く別の場所へ移送されると聞いた。自分もロブノへ行って家族と行動を共にしたいが、ユダヤ人は勝手に町を出ることができない。ついては許可証をもらいたい、と。大工は、ロブノへは歩いて行き、家族と合流するつもりだ、と言った。

グレーべさんは言った。「どこへ移送されるんだ。何のために一緒に行きたいのだ。きみはうちで一番腕のいい大工だ。きみほど仕事がよくわかっている職人は、そうは見つからない。どうして行きたいんだ。よし、わたしがロブノに行き、きみの家族を連れてこよう。そうすればここで一緒に暮らせる。きみには労働許可証があるのだから」

もちろん大工は喜んだ。グレーべさんは会社の車を一台引っ張り出し、ロブノに向かった。ロブノには九時か一〇時ごろ着いたが、兵隊が町を封鎖していて入れなかった。いろいろ手を尽くしたがだめだった。だが、人びとの悲鳴と絶滅部隊の銃声が聞こえた。その晩はしかたなく事務所に戻り、翌朝——つまり、その朝——もう一度ロブノに行ったが、やはり阻止された。

わたしがオフィスに入っていくと、ロブノから帰ってきていたグレーベさんは突然わたしに怒鳴り始めた。

「なぜ言わなかった！」。彼は声を張り上げた。

「言わなかったって、何をですか」とわたしは聞いた。

「ドイツ人がユダヤ人を殺していることだ！」

わたしは「夫が殺されたと言いました」と答えた。

グレーベさんは言った。「聞いた。そのときは信じられなかった。だが今は信じる。昨夜ロブノへ行ったが、町に入れなかった。ユダヤ人虐殺を行なっていたからだ」

わたしにはそれ以上答えようがなかった。ただ、グレーベさんがひどく怒っていたのを覚えている。ものすごい勢いで、ドアをバタンと閉めて出ていった。夫が殺されてからわたしは感情をなくしていたが、そのとき久びさに、怖いと思った。クララも怖がっていた。

翌日出勤すると、グレーベさんが部屋に入ってきてドアを閉め、椅子に座り、静かに話しだした。まるで前日のことが嘘のように。彼はこう言った。ロブノで起きたこと、自分が見たことを一晩中考えていた。何かしなければ、と思う。だがことばが通じないので、一人では何もできない。だから手伝ってくれるかね、と。正直言って、わたしは二度と感情などもてないだろうと思っていたが、そのとき一条の光を見たような気がした。わたしは答えた。

「はい、お手伝いします」

グレーベ　マリアの話、ほかの人の話、自分で見たことから、何が行なわれているかがわかり、事実として認めるようになった。わたしは自分に言い続けた。

「もうたくさんだ。わたしもドイツ人の親から生まれ、ドイツで生まれたドイツ人だ。だからといって、どうしてわたしに、ここで行なわれている、こういうことに加わる必要があろう。わたしにはない。わたしはできる限り、反対し続けよう」

一九四一年一一月のことだった。

そして一九四二年一〇月、わたしはドゥブノでの大虐殺を否応なく見てしまった。ドゥブノに行っていたのは、鉄道を敷く仕事があったからだが、その現場のすぐ近くで「アクツィオン」が実行されたのである。ドゥブノのことは、わたしが文書で発表したものがあちこちで印刷され、何カ国語にも翻訳されているので、もっとも鮮明な記憶として残っている情景に簡単に触れるだけにしたい。

ドイツ兵は人びとを裸にしていた。二人の兵士が「下着はここ、靴はそこ、上着はそこ」と指示していた。ユダヤ人は、男も女も、大人も子どももいたが、泣き叫ぶでもなく、反抗するでもなく、言われたとおりにしていた。

前にも書いたが、とくに直視に耐えなかった光景は、五〇代と思われる父親と、当時のわたしの息子フリーデルと同じくらいの年頃——たぶん一〇歳ぐらい——の少年の父子《おやこ》の姿だった。二人は裸——文字どおり素っ裸で、穴に入る順番を待っていた。少年は泣きじゃくっていた。その頭を、父親が撫でていた。父親は天を指さし、少年に静かに語りかけていた。わたしのいる所からは離れていたので、話の内容はわからなかったが、二人はそうやってしばらく話していた。やがて二人の番が来た。

ほかの家族も一緒にいた。母親と、白髪の、たぶん少年の祖母と思われる老女がいた。老女は小さな子どもを胸に抱き、低い声で歌いながらゆすっていた。そのうち兵士の一人が大声で、彼らに穴に入れと命令した。

そのとき、誰かがわたしの名前をポーランド語で呼んだ。見ると二三、四の若い女性で、ほかの人と同じように全裸だった。

わたしには見覚えがなかったが、彼女のほうは、たぶん鉄道工事の仕事の関係でわたしを知っていたのだろう。自分を指さしながら、わたしに向かって、言った。「グレーベさん。二三歳……」。そばに妹もいたが、二人とも美人の若い娘だった。二人は両親と、次に幼児を抱いた祖母と抱擁を交わし、それから全員穴に入った。銃声が一〇発か一二発聞こえた。それが最後だった。

移送のために狩り集められたユダヤ人（ワルシャワ）。

公衆の面前で、正統派ユダヤ人の髭を切り落とすドイツ兵。

何かしなければ

あんなむごい光景は見たことがない。

何の抵抗もせず、黙って穴に入っていったユダヤ人たち。あの光景は、死んでも忘れないと思う。あのすべてを見た経験は、たいへんな衝撃だった。とくに息子の頭を撫でていた父親の姿。泣いている子どもと、その頭を撫でながら静かに語りかけていた父親。どう説明したらよいのだ。

あのようなことが行なわれているのを見て、それを行なわしめているものに対して、どうして行動を起こさないでいられようか。それで自分に言い続けた。「何かしなければ。わたしにできることはちっぽけなことかもしれない。だがやるべきことをやりたい」

わたしには一人息子がいた。当時、九歳か一〇歳だった。戦争が終わった後、「パパは何をしたの?」と聞かれるかもしれない。そう思ったらいても立ってもいられなくなった。

ボブロー　グレーベさんには軍のためにしなければならない仕事があったので、それをする会社の従業員としてユダヤ人を雇うという方法で、ユダヤ人を助けることができた。簡単にいかないこともあったが、彼はモーセがイスラエルの民を保護したように、ユダヤ人を保護し、労働許可証で彼らを守った。また「アクツィオン」がありそうかどうか、常に気にかけていた。

あるときグレーベさんは、わたしたちがしていることを秘密にし、ほかの誰にも知られないようにする必要がある、と言った。グレーベさんがユダヤ人を雇い、ユダヤ人を守ろうとしているることを知っているドイツ人もいたからだ。そこでわたしが連絡係になることになった。というのも、連絡はすべて交換台を通るので、わたしには状況がつかめ、危なそうなことがあったら知らせることができたからだ。

グレーベさんの所へは、どこからともなく人がやってきた。わたしの友達をはじめ、森やほかの家に隠れていた人など。グレーベさんは途方に暮れたが、そのわずかな生き残りと思える人びとを、わたしたちはとにかく救いあげた。公式にはウクライナにはユダヤ人は一人も残っていないはずだった。にもかかわらず、次から次にやってくる人がおり、わたしたちは助ける努力をした。

グレーベさんが助けたユダヤ人家族は数え切れない。その誰もがグレーベさんを尊敬し、敬愛した。彼らにとって希望は彼しかなかった。グレーベさんは、わたしたちみんなのことを考えてくれた。

後で、それもずっと後になってわかったことだが、彼の所には、個別に助けを求めてやってくる人もひっきりなしにいた。彼はわたしやクララの助けなしにそういう人たちも助けていた。戦後、その人たちを訪ね回ったとき初めて、そのことを知った。

グレーベさんとわたしたちは、組織的規模でユダヤ人を助けたが、とても救い切れなかった。それでもやってくる残りの人たちを、グレーベさんは個人的に、たった一人で死に物狂いになって、助けたのだった。

実践した母のことば

わたしは何度も聞かれた。グレーベさんはなぜそんなことをしたと思うか、なぜユダヤ人を助けたのか、と。長い付き合いのあいだに、彼のなかにいろいろなものを見てきたが、なぜ彼がユダヤ人を助けたのかはどうしてもわからない。

神の怒りにも似たものをもっているのは知っている。それかもしれない。許せないと思うと行動に移す。それが、暗闇を手探りで進むような場合でもだ。でも正直に言って、やはりわからない。これまでいろいろ考えたが、どうしてもわからなかった。

グレーベ　なぜユダヤ人を助けるようなことをしたのか、どうしてそうするようになったのか、ちゃんと説明することはできないが、子どものころ母親から受けた影響が大いに関係していると思う。

母は農家の出で、無教育、無教養の人だったが、娘時代はドイツのマールブルクで医者の手伝いやその他の仕事をしていた。わたしが一、二歳のころ、その母がわたしに言ったことは、他人の弱みにつけこんではいけない、ということだった。

子どものころ、近所のユダヤ人のお婆さんに、みんなでよくいたずらをした。時にはいじめるようなこともした。玄関のベルを押し、出てくると逃げるというようなことだ。

母は言った。「そんなことをしていいと思うの？　どうしてそんなことをするの？」

もちろんわたしは答えた。「だって、みんなやってるんだもの」

母は厳しく言った。「おまえはおまえ、みんなはみんな。おまえはわたしの息子よ。二度とやってはいけない。もしまたやったら、わたしにも考えがあるからね。あのお婆さんにしたことを、おまえもされたい？」

わたしは否定した。

「じゃ、どうしてやったの？　言ってごらん。あの人にも、おまえと同じように感情も心もあるのよ。だから二度としてはいけない。ユダヤ人は心正しい人たちよ。マールブルクで働いていたとき、よくわかったの」

母はわたしをそういうふうに育ててくれた。母は言っていた。「人を職業や宗教で判断しないで、人となりで、人間としてどういう人かで、判断しなさい」

これらは皆、無教育、無教養の女性のことばだ。

だが、彼女こそ本当の教養人だったと思う。母はことばとたとえで、人としての道を教えてくれた。ことばに表わせないほど感謝している。そして母に教えられた思いやりの心を、たとえささやかながらも、それがもっとも必要とされたときに実践することができたことを、ありがたいと思っている。

——ヘルマン・グレーベは、一九五四年、ホロコーストの最中にユダヤ人を助けたことにより、ヤド・バシェムから表彰された。ドイツの鉄道敷設プロジェクトに関与した建築技師であった彼は、ウクライナ、ポーランド、ドイツで三百人以上のユダヤ人の命を救うことができた。戦後アメリカに移住。

——マリア・(バルヒフカー)ボブローは、ホロコーストから生き残ったポーランド出身のユダヤ人である。ヘルマン・グレーベに助けられ、またグレーベがほかのユダヤ人の命を救う手助けもした。戦後アメリカに移住。

悲しみを乗り越えて——ポーランド

アイリーン・オプダイク

わたしが育った環境は、ポーランドの女性は政治に関与しないものだ、という考えで、女の子は一般的に、結婚し、よい妻、よい母親になるための教育を受けた。だからわたしも政治問題や反ユダヤ主義に汚染されることは全然なかった。家族のなかにも反ユダヤ主義というようなものはなかった。

母はまさに聖女のような、すばらしい人だった。母は子どものとき父親が死に、母親が働きに出たため、弟や妹の面倒を見なければならなかったそうで、教育はないに等しかったが、わたしたち子どもにいろいろなことを教えてくれた。

とくにわたしたちに伝えたかったことは、困っている人に心と手と耳を空けておきなさい、ということだったと思う。それが母の教育の基本であり、わたしたちはそれを母から学んだ。

家には貧しい人や病気の人がよく訪ねてきたが、その人たちに対して母はいつも適切な援助を与えていた。

わたしは、どうして戦争中、ユダヤ人を助ける勇気がもてたのか、その答えを自分のなかで探してきた。それは紛れもなく、両親のお陰だと思う。両親はいつもわたしたち子どもと遊び、わたしたちと一緒に祈ってくれた。田舎暮らしのなかで、わたしは両親から、「十戒」を守り、神とも人とも仲よくするよう教えられた。

ポーランド人という誇り

一九三九年に戦争が始まったとき、わたしは一九歳の学生だった。当時のポーランドは、一四三年にわたる分割統治の後、独立した自由な国だった。わたしはそういう国に生まれたことを幸せに思い、誇りに思っていた。それも、戦争中の行動の理由になっているかもしれない。

ポーランド人だという誇り、ポーランド人として最善を尽くしたいという気持ち、両親や祖国に誇りに思ってもらいたいという気持ちだ。看護師になろうと思ったのもそれが理由だった。わたしはフローレンス・ナイチンゲールをめざした。

わたしには、いろいろな国に行き、困っている人を助けたいという大きな夢があった。しかしポーランドは宣戦布告を受けずにドイツに侵略され、その夢もついえた。わたしは家族と離ればなれになり、一人、取り残されてしまった。

勉強しながら働いていた病院にも、負傷者や瀕死の重傷者がどんどん運びこまれてきた。わたしたちは負傷者を治療し、命を救いたいとがんばったが、ドイツ人の進撃は稲妻のようだった。あっという間にドイツ軍がすぐそこまで迫り、ポーランド軍は撤退を余儀なくされた。

ふるさとはすでにドイツ軍の手に落ちていたので、家に帰れなくなったわたしはポーランド軍に従軍した。何日も退却し続けた。ドイツ人が信じられない速さで追ってくる。各地で町が破壊され、人びとが殺された。三週間後、ソ連国境にたどり着いたところで、戦争は終わった。ポーランド軍が降伏したのだ。

わたしは家から遠く離れ、どうしてよいか、どこへ行ってよいかわからなかった。ポーランド兵の生き残りやほかの看護師と一緒に、わたしたちは国境から近い、ウクライナの大きな森へ逃げこんだ。ポーランドの地下活動はそこから始まった。

クリスマス前、持っていたコーヒー、タバコ、砂糖を何か食べるものに交換しようと、兵士数人とわたしと別の看護師一人とで村へ出かけた。わたしは見張りに立たされた。みんなが村の家々に散らばっていくのが見えた。

そのとき激しい物音がした。どこでしたのか、何の音か考える間もなく、トラックからソ連兵が飛び下りるのが見えた。わたしは怯える小ウサギのように森へとって返した。それしか考えられなかった。だが間に合わなかった。わたしは捕まり、殴られ、強姦され、そこへ置き去りにされた。

ほかのソ連兵がわたしを見つけ、病院に運んでくれた。気がついたとき、温かい両腕に抱かれ、髪を撫でられているのがわかった。一瞬、夢かと思った。母がいるのかと。目を上げると、女医が何か話しかけている。わたしにはわからないことばだったが、その優しさ、その抱擁に正気をとり戻したように思う。彼女はロシア人の医者でその病院の院長だった。

しばらくして動けるようになると、院長はわたしにその病院で働くよう命じた。やがてソ連軍はドイツと交戦状態に入り、院長は前線へ送られた。わたしが任務を与えられた病院では、発疹チフスや脳膜炎といった伝染病が蔓延しており、しかも薬ときたら硫酸が少しあるだけというありさまで、いつ死んでもおかしくない状態だった。しかし神はわたしのために違う計画をもっておられたようだ。わたしは生きのびた。

目の当たりにした死の行進

一九四一年、ソ連とドイツとの間でポーランド人の交換があった。ポーランドはドイツに占領されていたが、家族を捜したかったわたしは帰国を望んだ。国境から三キロのふるさとコズオバ・グーラに向かう途中、ラドムという町で一休みし、日曜日だったので教会に行った。

ミサとその日の行事が終わったころ、教会はドイツ人に包囲された。労働力としてドイツに送りこむ若者を集めに来たのだ。ドイツ人の若者は兵隊として必要だったため、ナチスは外国人を奴隷として本国で働かせていた。しかしわたしたちが連行される前に、数人の士官が入っ

アイリーン・オプダイク。祖国ポーランドがドイツの侵入を受けた当時、彼女は19歳の看護学生だった。

ドイツ人少佐から洗濯係も頼まれ、そこで12人のユダヤ人と知り合った。戦後、そのうちの2人と（左端アイリーン）。

ゲットーが撤去され、12人のユダヤ人の友人達が行き場を失ったちょうどそのとき、ドイツ人少佐から住み込みの家政婦にと乞われた。アイリーンはその家の地下室に12人のユダヤ人を隠すことができた。

てきて、そのうちの少佐の制服を着た人が「こいつと、こいつと、……」と言いながら、何人かをでたらめに選び始めた。わたしもそのなかに入っていた。そして何の奇跡か、わたしはドイツへは送られず、ポーランドの武器製造工場で働かされることになった。

わたしは空腹を満たすために一生懸命働いた。頼れる親も親戚もいなかった。ある日、貧血のためだと思うが、工場の真ん前でばったり倒れ、気を失ってしまった。気がつくと、六〇代後半と思われるドイツ人がわたしの前に立っていた。どうしたのかと聞かれ、わたしがドイツ語で答えたので、そのドイツ人の少佐はびっくりしたようだった。わたしが「申し訳ありません。仕事をしたいのですが、力が出ないのです」と言うと、少佐は、「わかった。配属を変えよう。別の仕事をやる」と言ってくれた。

経験もなく、役に立つ訓練も受けていなかったわたしが工場に配属されたのは神のおぼしめしだったのだと、そのときあらためて思った。神が、このドイツ人の少佐の目に留まるようにしてくれたのだ。新しい仕事は、ドイツ人士官と士官付の兵士、それに当地のゲシュタポの署長の、朝、昼、夕、三度の食事の世話をすることだった。食事もよく、清潔な場所での仕事だったので、わたしは次第に元気をとり戻した。

そこで働いているあいだに、生まれて初めて、ユダヤ人に何が起こっているかを知った。ホテルの裏にゲットーがあり、自分の目で見ることができたからである。

どうして人間が同じ人間にあんなひどい仕打ちができるのか、信じられなかった。ゲットーには、親子、老人、幼児、妊婦、障害者、病人などが入れられていた。ナチスはユダヤ人をとりあえずゲットーに押し込め、それから処分していたのだ。

ある日、わたしは死の行進を目の当たりにした。町の真ん中を、人びとが家畜のように追い立てられていった。ゲシュタポは、歩き方ののろい者や列からはみ出た者を蹴りつけ、追い立てていた。

白い髭を生やした、白髪の老人がいた。ラビだろう、律法書を抱えていた。その後ろにはお腹の大きい、きれいな妊婦がいた。その後ろも若い女性で、小さな女の子を連れていた。女の子は母親のスカートをぎゅっと握っていた。お年寄りも大勢いた。杖にすがってよろよろ歩く老人もいた。

長い長い行列だった。とくに子どもたちの姿が忘れられない。小さい子から大きい子まで、背も年齢もさまざまだった。小さい子は「ママ、ママ」と泣いていた。大きな子どもたちは、怖くて泣くこともできない、という様子だった。今でも思い出すのは、子どもたちの目だ。大きな、脅えた目。見据え、探るように、「ぼく、何をしたの？　ねえ、何をしたの？」と言っているようだった。

わたしたちはそこに立って、その悲惨な行進を黙って見送った。ほかにどうすることができよう。こちらはただの市民が数人、ゲシュタポのほうは銃を持った男が何十人もなのだから。

後で、夫がユダヤ人だったという人と、ユダヤ人が連れていかれたほうへ行ってみた。そこで見たものは、生涯忘れられない悪夢のような光景だった。そんなに深くない穴に死体が山のように投げこまれ、土がかぶせてあった。生き埋めにされた人の息で、土が動いていた。わたしは思わず祈り、心に誓った。できることは何でもしようと。

秘密の連絡網

工場はテルノポリに移され、わたしも一緒に移動させられた。工場から士官たちの給仕の仕事に配属換えになっていたわたしは、ほかに洗濯係もさせられた。そこで、やはりドイツ人の衣服の洗濯をさせられていた一二人のユダヤ人と知り合った。かつては、看護師、事業家、医学生、弁護士など、まともな生活をしていた人たちばかりだ。その彼らがこんな仕事をしなければならない。さもなければ死ぬしかなかった。

わたしたちは仲よくなった。家族のいないわたしと迫害された人たちとの人間としての絆——わたしにはそう感じられた。わたしは彼らがユダヤ人だからといって、違う人間だとは思わなかった。彼らもわたしも、苦難にあっている仲間、共通の敵をもつ仲間だ——わたしにはそう思えた。

わたしたちは秘密の連絡網を作った。わたしがユダヤ人の目となり耳となり、この一二人が足となって、ゲットーが不意打ちされるなどの情報をつかむと、それを人びとに知らせて回った。前もって警告することで多くの命が救われた。隠れる場所がある者は逃げて隠れ、隠れる場所がない者は森へ逃げた。テルノポリから八キロほど離れたヤノフカという所では、約三百人のユダヤ人が逃げのびた。わたしたちの工場で働いていた者も、ほかのドイツ人の工場にいた者も。その全員が助かったのは、この一二人がゲットーに情報を運び、それが口コミで人びとに伝わったからである。

冬が来るというとき、このユダヤ人のように隠れて住まなければならないということがどういうことか、想像できるだろうか。ヤノフカにはカトリックの司祭がいた。彼はユダヤ人の逃亡を知っていた。多くのポーランド人が知っていた。司祭は、「ユダヤ人を助けよう」と表だって言うことはできなかったが、教会の説教で「兄弟を犠牲にしてはならない」と呼びかけた。村人たちは食糧や生活の品をそっと届けた。森の中までは持っていかれないので、森の入り口に置いた。

いよいよそのゲットーも撤去されることになったが、一二人のユダヤ人は行く所がなかった。助けを求められても、わたしにはどうすることもできなかった。当時、わたしは食堂のそばの小部屋に住んでいた。彼らをかくまうには家が必要だ。だが知り合いも親もいないこの町で、わたしに残された道はただ一つ、祈ることだけだった。その晩、わたしは祈りながら、わが創造主に向かって癇癪を起こした。

「もう神様なんか信じない！　神様なんて、わたしの想像が作り出したものなんだわ。そうでなかったら、どうしてあんなことが起きるのを許しておくの！」

翌日、わたしは再びひざまずき、神に許しを乞うた。「お許しください。自分でも何を言っているのかわからないのです。御心《みこころ》のままになりますように」

翌朝、まるで奇跡のようなことが起こった。少佐から、家政婦として家に来ないか、と頼まれたのだ。

「郊外に一軒家を持っている。そこで家政婦が要る。働いてくれないか」

考えるまでもなかった。わたしは子どものように喜び、後先も考えず、知り合いの一二人のユダヤ人に告げた。

「地下室へ石炭を落とすシュートがあるの。その入り口を開けておくわ」

一二人は一人ずつやってきて、地下室に隠れた。

発覚

少佐は年をとっており、健康も優れなかった。夕食はわたしが作った。わたしは少佐に気に入られ、三年間、少佐の世話をした。少佐は、わたしのほかに男手が欲しいと言ったが、わたしは嫌だと断わり、懇願した。

「お願いです。わたしはロシア人に捕まり、殴られ、ボーイフレンドとキスもしたことなかったのに、ロシア兵に強姦されたのです」

少佐は言った。「わかった。じゃ、しばらくおまえだけでやってみよう。様子を見て、また考えよう」

　それから二週間、町の角という角にポスターが貼られた。「この町はユダヤ人のいない町になった。万一、逃亡ユダヤ人を助けている者がいたら、死刑に処す」。それから三カ月後の九月、町を歩いていると、突然ゲシュタポに市場に行くように強要された。町の人びとがみんな促されていた。市場に行ってみると、ポーランド人の家族が、かくまっていたユダヤ人の家族とともに絞首刑にされていた。そして彼らが死ぬのをわたしたちは無理やり見させられた。ユダヤ人と親しくするとこうなるぞ、というみせしめだった。

　帰宅したわたしは玄関のドアを閉めて鍵をかけた後、いつもは少佐が突然帰宅してもすぐにドアが開けられないように、キーを差しこんだままにしておくのだが、そのときは動転のあまり、キーを抜いてしまった。

　台所には、いつものように、イダ、フランカ、クララ、ミリアムの四人の女性が出てきていた。

9月のある日、町に出かけたアイリーンは、ゲシュタポに市場に行くように強要された。「市場では、ポーランド人の家族が、かくまっていたユダヤ人の家族とともに、絞首刑にされていた…」

四人はよくそうやって、わたしの手伝いをしてくれていた。わたしが顔面蒼白なのを見て、「何があったの？」と聞いてくれたが、わたしは「気分がすぐれないの」と答えただけだった。とても言えなかった。言ったところで、彼らに何ができよう。

そこへ、突然ドアが開き、目の前に少佐が立っていた。そのときの少佐の顔を、今でもはっきり思い出せる。少佐は、信じられない、と言うように、頬を震わせ、目を丸くして立っていた。わたしたちは彫刻のように動けなくなった。少佐は無言のまま踵《きびす》を返し、書斎へ立ち去った。

少佐と話をしなければ。それしかない。

少佐は、わたしを怒鳴りつけた。

「アイリーン、よくもあんなことができたな。わたしはおまえを信じていた。おまえには居心地のいい家に住まわせ、保護も与えた。それなのに、なぜだ」

わたしは答えた。「わたしにわかっていることはただ一つ、あの人たちはわたしの友達だということです。ほかに方法がなかったのです。わたしには彼らをかくまう家もないし、家族もいません。許してください。でも二度とやらないとは言えません。宗教や人種のために人を殺す権利は誰にもありません」

少佐は言った。「ユダヤ人をかくまったらどうなるか、わかっているな」

わたしは答えた。「はい、わかっています。今日、この目で見てきたばかりです」。わたしはそう言いながら泣き出し、それ以上、話すことができなかった。

しばらくして少佐は言った。「おまえをあんな目にあわせることはできない。おまえを死なせるわけにはいかない」

そのことばを聞いたとき、わたしは思わずひざまずき、少佐の手にキスをした。わたしが助かったからではなく、あの人たち——この家にいる一二人だけでなく、森に隠れ、わたしに頼っている大勢の人が助かったことが嬉しくて。一二人はそのまま家に住み続けた。彼らには生き残れるという希望が残った。

やがてドイツ軍が退却し始め、少佐も家を出なければならなくなった。しかしわたしは、ユダヤ人たちを置いて出ることはできなかった。

戦争中のこととて、何があるかわからない。あと一日がひと月になり、ふた月になった。一二人のうちの一人の女性は身ごもっていた。ドイツ軍から自由になって二カ月後、彼女はかわいいユダヤ人の男の子を生んだ。

それからわたしたちは話し合い、一二人のユダヤ人も森へ移ることになった。この家に住むようになってから、わたしは森の中のパルチザンにも、できるだけのことをして協力していた。ユダヤ人たちを森へ案内した三日後、ポーランドはソ連軍の手で解放された。わたしのユダヤ人の友達も自由になり、心と体はぼろぼろになったものの、新しい生活を始められることになった。家族を失い、子どもを殺され、何もかも失ったというのに、彼らはどうして生きていけ

戦後、助けたユダヤ人たちと。右から２人目がアイリーン・オプダイク。

るのだろう、と思ったものだ。

ソ連軍に解放されたとき、わたしはパルチザンと行動を共にし、ソ連がポーランド全土を掌握するまで一緒にいた。それから家族を捜しにふるさとへ向かったが、途中、パルチザンとつながりがあったということでロシア人に逮捕された。

今度はユダヤ人の友達がわたしを助けてくれた。わたしのことを書面にして、クラクフの歴史委員会に送ってくれたのだ。わたしはドイツの難民収容所に送られた。そして一九四九年、クリスマス前にアメリカに渡り、現在はカリフォルニアに住んでいる。

新しい世代に真実を

この経験からどんな教訓を得たか、と聞かれることがある。わたしが得た教訓は、人間はみな仲間であるという教育をしなければいけない、ということだ。肌の色や人種や宗教やことばに関係なく、人間はみな、一人の神（それを何と呼ぼうが）によって造られたものだということを教えなければいけない。憎しみが減り、人びとがお互いに理解を深めようと努力すれば、戦争など起こらないだろう。

わたしはアメリカに着いたとき、自分の心に鍵をかけ、「入室禁止」の札をかけてしまった。戦争のことは話したくなかった。普通の生活がしたかった。結婚もし、子どもも生みたかった。失った家族に代わる新しい家族を作りたかった。

わたしは忘れようと努めこの経験を頭から追い出そうとした。しかし一九七五年にネオ・ナチの組織が、ホロコーストはなかった、あれはプロパガンダだった、というデマを流し始めた。わたしは怒りに燃えた。なぜかって？　わたしは現場にいたからだ。実際に経験したからだ。ナチスとその協力者がユダヤ人に何をしたか、真実を語ることが、わたしの義務だと悟った。死んでいった人びとの死が無駄にならないように、新しい世代が真実を学ぶように、話をすることが。

わたしの英語は正確ではないし、訛りのあることも知っている。しかし新しい世代には真実を知ってほしい。二度とホロコーストのようなことが起きないようにするために。

——アイリーン・グート・オプダイクはポーランドのカトリック信者で、ドイツ占領下のポーランドで一二人のユダヤ人をかくまい、一九八二年、ヤド・バシェムから表彰された。

修道院も安全ではなかった——ポーランド

イマニュエル・タネイ

わたしは、ユダヤ人を絶滅せんとするナチスの努力に潰されることなく生き残った。大勢の人間が、わたしを苦しめようと一生懸命努め、わたしが朽ち果てるのを待っていた。しかし、わたし自身の努力と、わたしを生きのびさせるために、自らの命さえ進んで危険にさらそうとしてくれた人たちの援助と勇気のお陰で、今わたしは生きている。

一九三九年に戦争が始まるまで、わたしは家族と、ポーランドのクラクフに近い小さな町に住んでいた。両親は二人とも歯科医として成功しており、わたしたちは快適な、中の上クラスの生活を送っていた。

両親は学歴があり、わたしたちは、人種的にはもちろんユダヤ人だったが、ユダヤ教徒としての意識は薄く、かなり同化していた。つまりポーランド社会に溶けこんでいたのだが、それはポーランドのユダヤ人にはめずらしいことだった。ポーランドに住んでいた大部分のユダヤ人は、別個の民族集団を形成し、顔つきも服装もポーランド人とは違い、ポーランド語を話さず、教育のあるごく少数を除いては、すぐにユダヤ人とわかるような生活をしていた。

密告

一九三九年九月一日にポーランドに侵攻したドイツは、二週間後にはポーランド全土を制圧した。しかし、ドイツ人は突然舞台に登場し、「おまえたちユダヤ人を絶滅する」と宣言したわけではない。最初はユダヤ人だから危ないというようなことは何もなかった。迫害はあったが、それは東欧やポーランドのユダヤ人が常に遭遇してきた程度のものだった。しかし抑圧はじわじわと強められた。まず、ユダヤ人はダビデの星を付けた腕章を着けなければならない、という措置によって、ユダヤ人の識別が行なわれた。次にゲットーに隔離され、働くことも食糧を買うことも禁じられた。

人びとは、悪の帝国たるナチス・ドイツはそのうち崩壊する、フランス、イギリス、アメリカなどの列強がドイツを救ってくれる、という希望をもっていた。そのころはまだ強制収容所は作られておらず、このような抑圧が長く続くとは誰も思わなかったし、ナチスが大量殺戮や絶滅収容所というような極端に走るとは、誰も想像しなかった。

いよいよ、わたしたちが住んでいたミエホフのゲットーも撤去され、全員、強制移送されるとわかったとき、両親は友人のガドムスキーに頼んで、わたしを修道院に入れる手配をした。クラクフ郊外のモギワという所にあったカトリックの修道院で、院長には「ユダヤ教からキリスト教徒に改宗した少年」と伝え、院長のほかには、わたしがユダヤ人であることは秘密にされた。一四歳だったわたしは、司祭になるための学校である神学校に入学した。しかし一年半ほどしたころ、わたしをユダヤ人であると密告した者がいた。

ある司祭との会話を、今でもはっきり覚えている。名前はもう忘れたが、その司祭と立ち話をしていたとき、わたしはある単語の発音を直された。わたしの発音は間違っていなかった。司祭の間違いだったのだが、そのとき司祭の顔に浮かんだ意地の悪い笑みが、わたしを不安にした。

その一、二週間前、その司祭は説教のなかで、日曜日に商売をする人びとを非難し、過去には日曜日に商売をする人にユダヤ人がいたが、「ありがたいことに、ユダヤ人は一掃された」と言った。その司祭はわたしの公教要理〔カトリックの教理〕の先生で、ときどき反ユダヤ主義の発言をする人だった。

わたしは直感的に危険を感じた。何か感づいたに違いないと思ったわたしは、その晩は自分の部屋で寝ずに、修道院のパイプオルガンの中に身を隠した。オルガンには巨大なふいごが付いており、その中ならぜったいに、誰にも見つからないと思ったからだ。はたして真夜中、ゲシュタポがやってきて、わたしの部屋のドアを蹴破る音が聞こえた。そのときわたしは修道院

タネイの両親（戦前、避暑地で）。

父、妹とイマニュエル・タネイ（左端）。

避暑地で母、妹と（戦前）。

を逃げ出した。

まだモギワの修道院にいたころ、村の郵便局へ郵便物を持っていき、修道院宛の郵便物をもらってくるのがわたしの仕事だったが、あるとき村で、近くの収容所から移送されるユダヤ人の行列に出会った。列のなかに、わたしと同じ町の男の子がいた。わたしより一歳か二歳年上だったと思うが、その子がわたしを見ると思わず叫んだ。

「やあ、エメークじゃないか！」

わたしは慌てたが、知らぬふりをして通り過ぎた。クラクフでも、同じ町から来た人に実名で呼び止められたことが何回もあった。そういうときは走っている市電からでも、あるいは列車からでも、急いで飛び降りたものだ。そういうふうに、すぐそばで名前を呼ばれて驚いたことはしょっちゅうあった。

戦争中、つまりドイツの占領中、ポーランド国民はナチスに対しては団結して抵抗した。しかし、反ユダヤ政策は受け入れるというのが一般的ムードだった。ユダヤ人を助けたポーランド人が何人も、そのような行動を認めない同国人によって告発された。

ドイツ人に知れたら殺されるような行動は、いくらしても告発されることはまれだった。ドイツ人をばかにしたジョークを公衆の面前で言っても安全だった。たまに、密輸品がドイツ人に見つかることがあり、ドイツ人は所有者を見つけるために人びとを脅迫した。自家製のウオッカやその他の食料品の密輸入は、禁止されていたにもかかわらず盛んに行なわれていたが、

戦争中、両親を一時かくまうなどしてくれたコバサ家を、後に一家で訪ねた折に。左から、妹、父、父の友人、母、コバサ夫人、コバサ家の息子、イマニュエル。

拷問されたり、死刑だと脅迫されたからといって、密輸品の所有者の名前を教えたという話は、ただの一つも聞いたことがない。

これに対してユダヤ人をかくまうという行為は、非常に好ましくない、容認できない違反行為だというのが、ポーランド人一般の考え方だった。戦後になっても、ナチス支配時代にユダヤ人をかくまったことで、同胞から迫害されたり、殺されたりしたポーランド人を、わたしは知っている。ユダヤ人を死から救うという行為は危険だっただけでなく、孤独な闘いでもあったのである。

助けてくれた人びと

あのときどういう人が、どういう理由で助けてくれたのか、ということは、簡単には答えられない。だが考えてみると、個人的つながり、個人的関係があったことが一つの要因として挙げられる。個人的には反ユダヤ主義だった、あるいは一般的にはユダヤ人は間違っていると信じていたが、わたしを気に入り、わたしをいいやつだと思って助けてくれた人もいる。たとえばわたしを修道院に入れてくれたガドムスキーさんは、ユダヤ人は大嫌いだとしばしば口にしていた。ユダヤ人はキリスト教徒とはいちいち反対で、卑しむべき人種だと、わたしに何時間もお説教するような人だった。ユダヤ人は何でも後ろ向きだ、文字も右から左へ書くし、日曜日ではなく土曜日を主日として祝う。変な文字を使うし、汚らしいし、醜いし、死んだらきっと地獄へ落ちると。モギワの修道院長と違い、わたしが洗礼を受けていないことも知っており、カトリックになれ、と繰り返し言っていた。そんな反ユダヤ主義者だったにもかかわらず、彼は自分の命を危険にさらしてまでわたしを助け、母のことも一度ならず助けてくれた。

わたしを助けてくれた人はほとんど、両親やわたしを個人的に知っている人だったが、そうでない人もいた。たまたま会った、まったく見知らぬ人が、危険を冒してくれたお陰で救われた、ということも何回かあった。

たとえばある村にいたときのこと。わたしは自分の身分を証明するものを何も持っていなかった。ちょうど電話をかける必要があり、村の長老の家に電話を借りに行った。その辺りにはパルチザンがいた。わたしが電話をしていると、パルチザン狩りの警察官が入ってきた。警察官はわたしの手を上げさせ、その間にポケットを探った。探りながら一人が相棒に言った。

「こいつ、ユダヤ人みたいな顔じゃないか」

わたしは笑いだし、「嬉しいことを言ってくれるね、おまわりさん」と冗談を言うと、居合わせたみんなが大笑いした。しかし、わたしが書類を何も持っていないことが明らかになった。ということは逮捕され、近くの町の刑務所に入れられて調べられるということだ。そうなったらおしまいだ。わたしは思わず抗議した。

「ちょっと待って。ぼくはここの住人だ。この村の人間だよ。証明書は忘れただけだ。住所はこの村さ」

警察官はそこにいた村の長老に聞いた。長老は村長さんのようなものだった。

「こいつを知っているか?」

長老は、もちろん知ってるとも、だれそれの息子だよ、と答えた。

警察官は「そうか。だが書類を持っていなかった。罰金二〇スロッティ(くらいだったと思う)だ」と言った。

長老は「わかった、わかった。わしが払っとくよ」と言って、二〇スロッティを出してくれた。お陰で事なきを得た。

この長老はわたしの見ず知らずの人だった。彼もわたしが誰か、わたしが何者か、知らなかった。だが助けてくれた。長老は、わたしがユダヤ人だとは知らなかったと思う――疑いはもったかもしれないが。地下活動に関わっている人間ぐらいには思ったかもしれない。たいていの場合、わたしを助けてくれたのは、それまで何らかの関係のあった人たちだったが、このように、理由もなくただ助けてくれた人にも、わたしは何度も出会った。

隠れていたユダヤ人を告発した人を悪人呼ばわりするのは簡単だ。だが当時、反ユダヤ主義あるいはユダヤ人憎悪の念は、大部分の人の気持ちだった、ということを忘れてはならない。ユダヤ人迫害は悪いことだと思われていなかったので、ユダヤ人を告発することは特別のことではなかったのだ。さらに当時は、もしユダヤ人を助け、それがドイツ人に見つかったら、そのユダヤ人はもちろん、その人も殺された。

そのような状況でユダヤ人を助けることは、普通の人にはできなかった。助けなければならないという確固たる信念の持ち主にしかできないことだった。考慮のうえの選択ではなく、ただ助けなければならないと思ったから助けた――彼らはそういう人たちだった。

――イマニュエル・タネイはポーランドで生まれたユダヤ人で、ナチス占領時代、一〇代だったが、修道院に隠れて生きのびた。戦後アメリカに移住。医学博士となり、法精神医学に携わった。

救援組織「ダッチ・パリ」——フランス

ジョン・ウェイドナー

わたしの家族はオランダ人でクリスチャンだった。姉たちもわたしも子どものころから、両親に聖書を読むように言われ、愛こそ人生で一番大切なものであると教わった。

父や母は、モーセが神から、「あなた自身のようにあなたの隣人を愛しなさい」と言われたことを教えてくれた。聖書からは、イエス・キリストが何よりも大事な戒めは何かと聞かれ、「自分を愛するように神とあなたの隣り人を愛せよ」ということだと言われたことを学んだ。このように、家庭でも学校でも、愛と思いやりと他人への奉仕が大切であると教えられた。

ユダヤ人については、トーラ〔モーセ五書と言われる旧約聖書の最初の部分で、神の律法〕と預言書〔旧約聖書のそれに続く部分で、預言者が受けた啓示〕を代々伝えてくれたことに感謝しなければいけないと教わったし、学校では、救世主イエス・キリストがユダヤ民族から生まれたことをあらためて教わった。だからわたしたちはユダヤ人には特別の敬愛の念を抱いていた。

小学校を卒業すると、フランスのコロンジュにある「安息日再臨派」の神学校に進んだ。コロンジュは、ジュネーブに近いスイスとの国境近くにある小さな町である。父は安息日再臨派の牧師で、この神学校でギリシャ語とラテン語を教えていた。高校卒業後、わたしは国境を越えてすぐのところにあったジュネーブ大学に進学した。

救援ルートの誕生

一九四〇年にドイツがフランスに侵攻してきたとき、わたしはパリに住んでいた。国籍はオランダだったが、その二、三年前にパリで事業を始めていたからだ。姉のガブリエルは安息日再臨派のフランス・ベルギー合同会議議長オスカー・メイエール牧師の秘書として、やはりパリに住んでいた。両親はオランダのハーグにいて、父はそこで牧師をしていた。

ナチスがパリにやってくる前から、ドイツでユダヤ人が迫害されていることは聞いていた。ヒトラーの『わが闘争』を読んでいたので、ナチスの人生観が憎悪に支配されており、慈悲も愛もないことはとうに知っていた。しかしナチスがオランダを占領し、フランスに侵攻し、ユダヤ人を逮捕し始めたときは本当にショックだった。目の前で起こっていること、〝人が人を人間扱いしない行為〟が信じられなかった。

リヨン駅で、逮捕され、東方へ移送されるユダヤ人の一団と出会ったことがあった。女性と子どもばかりで、一人の女性は赤ん坊を抱いていた。そのとき赤ん坊が泣きだし、その声が駅中に響いた。同行していたナチの指揮官は、赤ん坊を泣きやまらせろ、と母親に命令したが、赤ん坊はなかなか泣きやまなかった。すると怒った指揮官は母親の腕から赤ん坊をもぎ取ると、地面に頭からたたきつけたのである。母親の嘆き悲しむ声が聞こえた。目を覆う光景だった。しかもそのあいだ中、ナチの指揮官たちは声を上げて笑いながら見ていたのである。

コロンジュの安息日再臨派神学校。

ユダヤ人がこのような目にあうのを見たとき、これはわたしの人生観、わたしが信じるように教わってきたこととまるで反対のことだ、と思った。そしてこの人たちを助けるのが、わたしの良心の義務だと感じた。そのときは、強制収容所で起きていた惨事のことは知らなかったが、ナチスがユダヤ人を逮捕し、どこかへ移送していること、彼らがユダヤ人を人間扱いしていないことは知っていた。もしもっとわかっていたら、もっと多くのことができたかもしれないが、わたしとしてはベストを尽くしたつもりだ。

助けたいと思ってもどうしたらよいかわからないこともある。わたしは、フランスとスイスの国境沿いのコロンジュ周辺の地理がよくわかっていたので、ユダヤ人はじめ、身の危険のある人びとを助ける方法として、国境を越えて、中立国スイスに逃がす方法を選んだ。最初、一人でやっていたが、家族や友人も手伝ってくれるようになった。しかしもっと手があったほうが成功率が上がる。こうしてほかの人びとも含めたネットワークが組織され、オランダからベルギーを経由してフランスへ入り、コロンジュの安息日再臨派神学校経由でジュネーブへ人びとを逃がすルートができあがった。われわれのこの組織は「ダッチ・パリ」と呼ばれるようになった。

三階から飛び下りる

こうして戦争中、わたしたちのルートを通じて千人以上の人を助けることができた。大部分はユダヤ人だったが、連合国の空軍兵士もいた。ユダヤ人を助けることは、それ自体非常に危険だったし、またこれらの人びとをある場所から次の場所へ移動させることは簡単なことではなかった。

まず道中、一泊あるいは二泊できる安全な場所を確保しなければならなかったし、食糧も必要だった。ほかにもいろいろな問題があった——偽造書類をどこで手に入れるか、書類や食糧を調達する資金はどうするか、途中の協力者をどうやって見つけるか、見つかった協力者は本当に信用できるか……。

スイス人の友人で、当時ジュネーブに本部のあった「世界教会協議会」事務総長W・A・ビッセルト・ホーフト博士は、われわれの活動を知り、精神的に応援してくれただけでなく、活動のための資金その他の援助もしてくれた。さらにロンドンに亡命していたオランダ政府からも、スイスを通じて資金の援助が得られた。

前にも言ったように、わたしはコロンジュ周辺の地理に詳しかったので、安息日再臨派神学校に一時的にかくまわれた人びとが山を越え、国境を越えて、スイスに逃げる案内をよくやった。しかし、国境に着いてみると、大勢の警備兵がパトロールをしていることもあったし、鉄条網が張ってあり、それを切らなければ国境を越えられない、ということもあった。国境だけでなく、「ダッチ・パリ」のどの部分でも、危険は常にあった。誰かが逮捕され拷問されはしないか、拷問に耐えられず名前や住所を白状しはしないかと常に恐れた。そんなことになったら、ほかの人まで危険におとしいれられてしまうからだ。

これは容易なことではなかった。わたしたちの活動に誰が参加しているか、知っている人は知っていたからだ。あるとき、連絡係の女性が捕まってしまった。そして残念なことに拷問に耐えきれず、彼女の知っている組織の人間の名前を全部、白状してしまったのである。その結果、たった一日のうちに、約三百人いた組織のメンバーの半数が逮捕され、ナチスの強制収容所へ送られた。そのうち姉のガブリエルも含めて四〇人が帰らぬ人となった。

わたし自身も何回かゲシュタポに捕まり、殴られ、拷問された。しかし、そのつど逃亡できたのだから、運がよかったと思う。最後に逮捕され、逃亡したのは、銃殺になる前日だった。そのとき助けてくれたのは、心優しい看守だった。逮捕されたわたしのポケットに小さな聖書が入っているのを見つけ感動した、と言われた。

わたしは監禁されていた建物の三階の窓から下の地面に飛び下りた。誰にも見つからず、わたしも無事だった。怪我もなかったので、急いで走って逃げた。そして「ダッチ・パリ」のメンバーで、友人でもあったオランダ人司祭の家にたどり着き、ドアを叩いた。ドアを開けたときの司祭の顔は今でも忘れない。「ジョン、いったいどうしたんだ。銃殺になるんじゃなかったのか」と言うので、「じゃ、戻ろうか」と答えたものだ。

やがて司祭はフランスの地下組織のメンバーの所へわたしを連れていってくれた。そして彼の手配でしばらく身を隠した後、時期を見てパリを出、ロンドンに向かった。このロンドン行きは連合軍司令部の要請によるもので、ロンドンでは、連合軍兵士の救助活動だけでなく、難民に対するわれわれの救援活動についても詳しく聞かれた。

ナチの記憶

フランス占領時代のナチスについて一番印象に残っていることは何か、とよく聞かれる。とくに印象に残っているのは彼らの声だ。非人間的な、堅い響きがあった。ナチの話し方やしぐさは人間のものとは思えなかった。頭脳をもたない、考えない、ただの野蛮な「力」だった。

彼らの残忍さも記憶にある。わたしも銃で、頭と言わず腹と言わず、体中を殴られた。ナチには人間性などなかった。力、暴力の権化だった。彼らは人を容赦なくたたき、殴り、ぶちのめした。

フランスのある小村ではこんな事件があった。オランドゥール＝スユール＝グラーヌという村で、当時、村はナチスに占領されていた。ある日、村のなかに爆弾が隠されているのではないかと疑った彼らは、村の男を全員捕まえ、壁の前に立たせて銃殺した。それから、残った女や子ども一八〇人をカトリック教会に集め、ドアを閉めて火をかけたのである。わたしが話を聞いたのは、そして村へ行ったのは、事件の後だった。

たった一人逃げのびた女性がいて、彼女の口から事件のことがわかった。ナチスはそれほど残忍でサディスティックだった。戦場の兵士だから、という域を超えた非人間的な戦闘行為であり、憎悪だった。それは顔にはっきり表われており、とくにユダヤ人に対する憎悪は特別だった。

他人の苦しみに心を開く

戦争中の思い出で、いい思い出はありますか、という質問もよく受ける。わたしの答えは決

トゥールーズのミリス刑務所。ジョン・ウェイドナーは、銃殺刑執行の前日、3階の窓から庭に飛び下り、逃げのびた。

通行者の書類を調べるフランス遊撃隊。

フランス—スイス国境に点在する山村間は、スキーでの行き来が一番安全だった(左)。姉のガブリエル。この写真からほどなく、ナチスに捕まり、強制収容所へ送られた(右)。

ジョンが戦争中使っていた敵国通行証とナチスの旅行許可証（右下）に、偽の身分証明書５点。ジャック・ベルネ、ポール・ラン、ポール・レイなど14の偽名を使っていた。

まっている。わたしの一番の思い出は、進んですべてを危険にさらし、援助の手を差しのべ、隠れ家を提供し、人びとの移動を助けた、素朴で心優しい人たちのことだ。

一緒に活動した人は皆、愛と思いやりの心をもっていた。いろいろな宗教の人から、宗教などもたない人まで、さまざまな人がいたが、皆、迫害されているユダヤ人に対する思いやりと愛を、心の奥深くにもっていた。それはわたしにとって、とても大事なことだった。

それを目にして思ったことは、どんな理論、どんな信条も、それにもとづく行動に愛がなければ何の意味もない、ということだ。わたしはそれを教えられた。

まったく手を貸さなかった人もいる。その人たちは、ユダヤ人を助けるなんてどうかしている、と思ったかもしれない。わたしにはすべての人を評価することはできない。そんなことはできっこない。ただ、そういう人のなかには、家族もおり、家族を巻き添えにはできないと思って協力できなかった人もいた。怖くてできなかった人もいた。その人たちには危険を冒す勇気がなかったのだろう。それに対する答えは自分で出すしかない。

わたしにわかっていたことは、わたしは何をしなければならないか、つまり、わたしの良心とモラルが否応なくわたしにさせたこと、だけだ。そのお陰でいろいろな場所でいろいろな人に出会った。社会的地位の低い力のない人から、社会的地位の高い力のある人たち、教育のある人、ない人——その誰もが心の中に哀れみと愛と思いやりをもっていて、ユダヤ人を助けるのが自分たちの義務だと思い、快く協力してくれた。

わたしたちは誰でも、選択を迫られるときがある――自分のことだけを考え、自分のためにできるだけ得をしようとするか、他人のことを考え、困っている人を助け、その人たちの役に立とうとするかの選択を。頭脳や知識を育むことも大事だが、心を育て、他人の苦しみに心を開くことはもっと大事だと思う。

わたしはどこにでもいる普通の人間で、ただ、隣人の役に立ちたいと思うだけだ。それが神の目的だと思うから。ほかの人のことを考えること、自分中心に考えないこと、そしてそういう人間になれるよう、もっともっと努力することが。

わたしは特別な人間などではない。誰か、英雄と仰ぐ人がいるとすれば、わたしに使命を全うさせてくれた、義務を果たさせてくれた、しなければならないことをやらせてくれた、神だけだ。わたし自身はどうということのない一人の人間。戦争中も、人間なら誰でもすべきだと思うことをしただけだ。

――ジョン・ウェイドナーはフランスで「ダッチ・パリ」と呼ばれるネットワークを組織し、約八百人のユダヤ人をナチスの手から救い出し、ヤド・バシェムから表彰された。戦後アメリカに移住。

子どもたちの悲しみと勇気——フランス

ギャビー・コーエン

わたしは、どうしてホロコーストのようなことが起きえたのか、理解に苦しむ一人である。この四〇年間、子どものための活動に従事し、家族から切り離された子どもたちを見てきたが、ドイツ占領下のフランスで、大勢のユダヤ人の子どもたちと生活を共にし、彼らの世話をしたあの四年間のことをことばにするのはいまだに難しい。あの子どもたちは、恐怖や悲しみをどう乗り越えていたのだろうか。親から無理やり離されたつらさに、どう耐えていたのだろうか。

フランスのユダヤ人

フランスのユダヤ人社会の歴史は古い。もっとも歴史のあるグループは二系統あった。一つは主にドイツ国境とパリに住んでいたアルザス系、もう一つはボルドーなど南フランスに多かったスペイン系である。

その後、第一次世界大戦が始まったとき、東欧から多数のユダヤ人が入ってきた。そしてナチズムの台頭とともに、さらに多数のユダヤ人が亡命してきた。主にドイツ、オーストリアなど中部ヨーロッパ系が多く、一部にチェコスロバキアからのユダヤ人もいた。一九四〇年ごろには二八万～三〇万のユダヤ人がフランスにいたが、そのうち三分の一は中部ヨーロッパ系、三分の一は東欧系、残りの三分の一がアルザス系とスペイン系だった。

フランスは伝統的に、亡命者や難民を広く受け入れる政策をとる、救いの国だった。第二次世界大戦前夜、フランスはヨーロッパの西端、行きどまりだった。そして自由の最後の防衛線であり、ヨーロッパから南米や北米へ逃れようとする人びとの最後の安息地であり、パレスチナへ入植しようとする人びとの出発点だった。

わたしの家族は、昔からいるアルザス系ユダヤ人で、熱心な愛国者だった。当然のことながら、ドイツから逃げてきたユダヤ人のことは気がかりだった。ナチスがユダヤ人にとくに残酷であることは、アルザスに逃げてきた大勢の難民を見ればわかる。しかし、今考えると不思議かもしれないが、当時は、ドイツのユダヤ人の身に何が起こっているか、その全容は知る由もなかった。

一九四〇年に戦闘が始まると、わたしたち家族はアルザスを離れ、まだドイツに占領されていなかった中部フランスの親戚に身を寄せた。そこで一九四二年末まで暮らしたが、その間、外国から来たユダヤ人が逮捕され、強制収容所に入れられているという噂がひっきりなしに耳に入ってきた。ユダヤ人に対する暴力的扱い、拷問、さらには東欧へ移送されている、といった恐ろしい話もあった。いろいろな噂が飛び交っていたが、確かなものは何もなく、実際何が起こっているのか、誰も正確には知らなかった。

ユダヤ人の子どもを救うために

わたしは、高校を卒業したらソーシャルワーカーになる勉強をしたい、と思っていた。しかし本当に卒業するころには、ユダヤ人がフランスの大学に入るのは難しくなっていた。そこでモンテッソリ法〔イタリア人のモンテッソリが創始した教育法〕の幼稚園の先生になろうと思った。しかし訓練を修了したときには、ユダヤ人にはそのような職はなくなっていた。そんなとき、同じユダヤ人ガールスカウトの仲間から、ビシーに移ったフランス政府が収容所に外国からのユダヤ人を抑留しているという話を聞き、そこで手が必要だと聞いて、そのような収容所のどれかで仕事をしようと思った。

そこで、ユダヤ人の児童福祉・医療機関である「児童福祉事業団（ＯＳＥ）」に行き、「収容所で働かせてください」と言った。すると、「それはありがたいが、今のところ間に合っている。それより今、収容所から子どもたちを連れ出そうとしている。その世話をしてくれる人が必要だ」と言われた。わたしは、収容所に入って働くほうが崇高な気がしていたので、不本意だったが、「収容所の外で子どもたちの世話をするほうがずっと重要なのだ」と説得され、引き受けた。

この暗い舞台の上でわたしが演じた役は小さなものだったが、わたしの話はもしかしたら、子どもたちが毎日どんな怖い思いをしていたかにスポットライトを当てることにはなるかもしれない。またドイツ占領下のフランスで、これらの子どもたちが流した涙、抱いた心配、彼らの大きな勇気を理解するのに役立つかもしれない。

戦争中、勇気と強い意志をもった大勢の人びとが、ユダヤ人の子どもたちを救うために血みどろの戦いを続けた。カトリックもプロテスタントも共産主義者も、左翼も右翼も、ユダヤ人も非ユダヤ人も、団体も個人も。子どもたちのためにさまざまな力が結集しためずらしい活動だった。

一方、統一協会、クエーカー、ＹＷＣＡといったアメリカのキリスト教団体も、子どもたち――ユダヤ人やスペイン人難民の子どもたち――を収容所から連れ出す許可を取るために、戦い続けた。これからお話しすることは、そんな活動のほんの一面である。

一人でも多く

収容所に入って働きたいというわたしの願いは拒否され、わたしは収容所の外にいる子どもたちのために働き始めた。大戦の半ば、一九四二年も終わろうというころ、わたしはビシーか

1942年、トゥール・ドーベルニュの近くで行なわれたユダヤ人ボーイスカウト、ガールスカウトのキャンプで。ギャビー・コーエン（右から４人目、×印）は、年少グループを担当。この時点では、子どもたちのほとんどは、まだ両親と一緒に住んでいたが、１年後、親たちは逮捕された。

ら二五キロほどの所にあったフランス中部の大きな屋敷に派遣された。木々のなかに静かにたたずむその屋敷は、美しい庭のあるすばらしい所だった。そこに四歳から一六歳までの子ども約百人が暮らしていた。

わたしにはまったく新しい世界だった。どの子も、家族が逃亡を企てたが失敗した、移民したかったが受け入れられなかった、入国査証が届かなかった、家族と生き別れになった、といった背景を抱えていた。これらの話はいずれも、離散、断絶、収監、眠れぬ夜、生死を賭けた大人の逃亡・潜伏を物語っていた。

この館には、フランス在住ユダヤ人の子どもはほとんどいなかった。フランス在住ユダヤ人の親たちは、自分たちは安全だと信じていたからだ。彼らには、「わたしたちはユダヤ人だが、同時にフランス人だ。これまでもフランス軍に従軍して戦ってきた」という気持ちがあった。

戦後、パリに住むセルゲ・クラースフェルト、ベアト・クラースフェルトの二人が、生涯をかけてナチスの資料を追求し、作成したリストによると、フランスから国外に移送された一七歳以下の子どもは一万一千人にのぼった。その大部分は、親が手放さなかったために家族のもとに残っていた子どもたちだった。また別の六百〜七百人は、パリ近辺にあった三つの施設から連れ去られた子どもたちで、この地域は、ドイツの命令で結成されたユダヤ人評議会（ユーデンラート）にあたる「フランス・イスラエル総同盟」（UGIF）が直接管轄していた。これに対して、わたしが働いていたOSEの施設に入っていた子どもは、奇跡的にほとんど全員が助かった。

子どもを手放すことは親にとって、身を切られるも同然だった。戦争中だけでなく戦後も、わたしが働いている施設にソーシャルワーカーが子どもを連れてくるたびに、よく話したものだ。安全のためとは言え、幼子を人の手に渡すのは、親として勇気の要ることだと。どうしてもできない親もいた。その人たちについてどうこう言える者はいない。わたしたちだって決断を迫られたら、どんな対応をするかわからない。それより、子どもを手放した親は偉かった、と言わねばならない。

子どもたちも偉かった。とくに一四〜一六歳ぐらいの子どものなかには、親を置いては行けない、と言う者がいた。親を残して収容所を抜けだすのは臆病者のすることだと。そう思う子どもは、収容所を出るという決断がなかなかできなかった。

ソーシャルワーカーが無理やり収容所から連れ出したために、移送列車に乗らずに済んだ子どもも大勢いたが、わたしたちにはつらい作業だった。大人には戦う術《すべ》があるが、子どもにはない。誰かが子どものために戦ってやらなければならない。子どもたちを助け出さなければならないのは言うまでもなかった。だが、その子どもたちが家族と一緒に残ると言い張るのだ。どうしようもなかったが、そんなことを言ってはいられなかった。

正直に言って、わたしたちは将来のことや、ユダヤ人が生き残るためになどということは考えていなかった。今、目の前にいる子どもを一人でも二人でも助けなければ、という気持ちだけだった。

名前を変えて

一九四二年、フランスのプロテスタント教会の長老、マルク・ベニェ牧師の音頭で、「ニーメ委員会」という超教派のグループができた。これにはユダヤ教の団体も参加していた。一九四二年一一月、わたしがいたフランス中南部もドイツに占領され、児童施設はさらに危険が増した。外国系ユダヤ人の子どもを大勢収容していたわたしたちの施設は、すぐにも逮捕の対象になりそうだった。一九四三年になると、子どもたちを守るためには施設を漸次閉鎖し、子どもたちをほかの場所に隠さなければならないことが明らかになった。

OSEがこの活動を秘密裏に実行する必要性が増すにつれ、ニーメ委員会やレジスタンスとの密接な連携が必要になってきた。彼らの援助を受けて、わたしたちは子どもたちを南フランス中に散らして隠す作業を始めた。

当時、わたしたち若い者は誰も、これらの組織がどういうもので、どういう活動をしているのか、ほとんど知らなかった。みんなを守るために、情報は何人かのリーダーだけに知らされ、わたしは自分の仕事を遂行するために必要なことしか知らされなかったからだ。万一捕まって尋問され、白状させられても、被害が少ないように、という配慮である。

OSEの児童施設閉鎖の仕事に、わたしは積極的に関わった。閉鎖が決まった後、わたしには偽の身分証明書が与えられた。実際、わたしは三種類の証明書を持っていた。わたしの仕事は〝引率〟、つまり子どもたちが汽車で移動するのに付き添うことだったが、いったん隠れた場所から別の隠れ場所へ移動する、ということも多かった。主に南部に派遣されたのは、その辺りには、わたしと同じように色黒で髪も黒い人が多かったからだ。

渡された証明書類は完全ではなかった。わたしはあくまでも、出生地の役所が爆撃を受けてしまったという話を通し、ドイツ人が偽の証明書の記載事項を確認したり、発行を止めたりできないようにしなければならなかった。

怖くなかったと言えば嘘になる。いつ何が起きるか、という気持ちが常にあった。偽の証明

ビシーに近いシャトー・ブルー＝ベルネでのユダヤ人ボーイスカウトのキャンプ。子どもたちの親は、すでに移送されていた。ギャビーも、この子どもたちの世話を何回かした。

シャトー・ブルー＝ベルネにかくまわれた女の子たち（1943年）。

書類がどこまで通用するか、まったく自信がなかった。

隠れ住むようになってから名前を変えた子どもたちのほうはもっと難しかった。レジスタンスの人びとのなかにはユダヤ人も非ユダヤ人もいた。その人たちの助けを得て、わたしたちはユダヤ人の子どもを「アーリヤ人化」、つまり、名前を変え、話を作り上げ、偽の証明書と配給カードを持たせて、フランス国内の引き取り先に送り出したのである。引き取り先はいずれも非ユダヤ人コミュニティで、子どもたちがユダヤ人であることは、受け入れ家庭の家長とか司祭とか教師のなかには知っている者もいたかもしれないが、ほかにはまず誰も知らなかった。

受け入れ家庭、学校、農場、修道院などに対する支援と訪問は、非ユダヤ人スタッフおよび非ユダヤ人の身分証明書をもったユダヤ人スタッフが受け持った。主にこの仕事に従事したのは「サーキット・ギャレル」という、子どもたちをかくまうための活動を中心的に行なっていた地下組織のメンバーだった。

わたしたち教育者やソーシャルワーカーにとってたいへんだったのは、小さな子どもたちに、これからはアブラム・レビンではなくてアルフレート・ルボワジエであり、サラ・バイスではなくてスザンヌ・ボワザンである、と信じこませることだった。

「フリーダ、いい？　あなたの名前はもうフリーダ・ミドルベルクじゃなくて、フランソワーズ・マコムというのよ」

たとえそう言ったからと言って、その子が言われたとおりにするとどこまで信じられよう。

名前を聞かれて、慌てずに「はい、何々です」と答えられるという保証がどこにあろう。

ただナチスに追いつかれないようにするだけで精一杯のこともあった。わたしたちは常に追われており、子どもたちにも、これから行く所がどういう所か、どういう人たちと一緒に住むことになるのか聞かれ、よくわからないのだ、と繰り返さなければならないこともあった。またユダヤ人であることがばれたり、子どもがしゃべってしまったりすることもあった。そんなときはすぐに子どもを別の場所へ移し、新しい隠れ場所を見つけ、名前をつけ直さなければならなかった。

どっちの名前を言えばいいの？

ある日、小さな男の子に、ドキッとするようなことを言われた。その子は以前、ポーランド系ユダヤ人の本名を、フランス系ユダヤ人らしい名前に変えたのだが、今度、またそれを、キリスト教徒のフランス人っぽい名前に変える必要があった。わたしを慰めるように、その子は言った。

「心配しないで。名前を変えるのに慣れちゃった」。しかし突然口ごもりながら、こう言ったのである。「そのうち本名が誰にもわからなくなっちゃったらどうしよう」

確かにそういう心配はあった。そのとき、どういう対策が講じられたのか知らないが、とにかく何らかの方法で本名は守られた。

ある晩、わたしは何人かの子どもを連れて列車に乗っていた。戦争中、列車の旅は非常に困難であり、危険だった。警察がいつ入ってきて、書類を見せろと言うかわからなかったからだ。わたしたちはいつもびくついていた。嘘の名前にしろ、作り話にしろ、ちゃんと頭に入っていないことが多かったし、その作り話もいいかげんだったので、詰問されたらどこまで持ちこたえられるか、自信がなかった。

この日、同じコンパートメント〔数人ずつの客室に仕切られた列車の一室〕に、男の人とお婆さんが座っていた。子どもたちは、わたしと同じコンパートメントに四人、隣のコンパートメントに四人、もう一つ、別のコンパートメントにやはり四人、乗っていた。

お婆さんのほうはずっと眠っていたので、問題なかった。だが、男の人のほうがこちらをじっと見ているのに気がついた。誰だかわからない。ゲシュタポだろうか。それともただのフランス人だろうか。なぜそんなにじろじろ見るのだ。

そのうちわたしが連れていたフリーダという赤毛で黒い目をしていた女の子がその男性に笑いかけた。もちろんわたしはフリーダが静かに眠ってくれればいいと思ったが、そのときの雰囲気では「黙って、寝なさい」とは言えなかった。フリーダはその男の人ににこにこ笑いかけている。男の人は興味津々になり、突然、言った。

「名前は何というの、お嬢ちゃん。赤毛で黒い目とは珍しいね」

フリーダはにっこり笑い、わたしのほうを向いて聞いたのである。

「ニニ、どっちの名前を言えばいいの？　フランソワーズ？　フリーダ？」

何ということだ。わたしは失神しそうだった。もうおしまいだ。この人は次の駅で列車を止め、わたしたちはみんな逮捕される。こういうとき、ひどく混乱するものだ。突然、それまでしてきたことがすべて無に帰すような気がした。全員、逮捕されて、とんでもない所へ移送されるかもしれない。

わたしは怖くて、いても立ってもいられなくなり、次の駅で子どもたちを全員連れて下車してしまった。もしかしたら、あの紳士は危険でも何でもなかったのかもしれないのだから、いい考えだったとは言えない。とにかくその晩、わたしたちは駅で夜を明かし、翌日一日待って、やっと来た次の列車に乗ったのだった。

そのうち、子どもたちを引率して移動させる仕事はやめなければならなくなった。顔つきからユダヤ人であることはあまりにも明白だ、ということになったからだ。わたしには別の仕事が与えられた。子どもたちをかくまってくれている家族に手当てを届ける仕事である。

受け入れ家庭は裕福でない家庭が多かったので、ＯＳＥの支援が必要だった。フランスではＯＳＥといくつかの非ユダヤ人団体が一緒になって、受け入れ家庭を探した。カトリックでもプロテスタントでも、また金銭的に余裕があろうがなかろうが、とにかく子どもたちを喜んで受け入れてくれる家庭を。

無名の人びとの救いの手

これらの人びとがなぜ助けてくれたのかについて、学問的な答えは持ち合わせていない。わたし自身、同じことを何度も自問自答した。わたしたちユダヤ人の若者がなぜ危険を冒したか、という問いに答えるのは難しいことではない。わたしたちは、自分たちよりも弱い者、自分たちよりも大きな危険のある者を助けるのは、自分たちの義務だと思ったのだ。

だが、カトリックやプロテスタントの家族が、なぜユダヤ人の子どもたちを助けるために危険を冒したか、という問いに答えるのは難しい。単純に、心優しい人たちだったということか、と思う。そういう人たちが何百人、いや、もしかしたら何千人も、いたのだ。

フランスでは、教会のエリートたち、例えばトゥールーズの枢機卿、リヨンの大司教、プロテスタントの教会の上の人たちのお声がかりがあったことも役に立った。お陰で、教会組織を挙げての支援が得られた。しかしどこにも属さない個人として、ただの人道主義、ただの正義心から、恐れずに手を貸してくれた人もいた。

同じ町の同じ通りにユダヤ人を迫害する家族がおり、「時代が悪い。危険は冒したくない」と言って何もしなかった人がおり、危険を冒して手を貸してくれた人がいた。これはどういうことだろう。

進んで助けようと思った人は、心の底に宗教的、あるいは人道的、あるいは政治的な、あるいはその全部を混ぜ合わせた理想をもっていた、ということかもしれない。よくわからない。確かなことは、理由はわからないが、とにかく救いの手を差しのべてくれた人がたくさんいたということだ。

もちろん当時、国として行動すれば、もっと多くのことがもっと大規模にできただろう。だがわたしたちの苦難を軽減しようとしてくれたのは、力のない普通の市民だった。普通の市民が「少なくともここでできることをする、何かする、何か手伝う」と言ってくれた。これは、すごいことだ。わたしたち――ユダヤ人にも非ユダヤ人にも――みんなにとって、これほど希望のわく話はない。

次は、戦後解放された児童施設で一緒に働くようになった男性から聞いた話だ。

一九四四年、彼はレジスタンスのメンバーとして逮捕され、収容所へ運ばれる途中、逃亡を図って列車から飛び下りた。一〇～一五人の仲間が奇跡的に列車から飛び下りることができたという。東欧に連れていかれたらどんなひどい運命が待っているか、当時、すでにわかっている人もいたのだ。

その人は飛び下りたとき重傷を負った。線路際に倒れているところを農家の人が見つけ、自分の家に連れていき、解放までかくまってくれたそうだ。地下活動の闘士をかくまうことは極めて危険なことだったにもかかわらず、その農家の人はかくまってくれた。

戦後も、その友達は篤い信仰心をもち続け、教えをよく守った。

児童施設で働いているとき、子どもたちに「天使って何？　どういうもの？　見たことないからわからない」と言われ、彼はこう答えていた。

「天使というのはね、すべての望みを失い、誰も助けてくれない、何もかもおしまいだ、と思ったとき、突然、目の前に現われて助けてくれるんだよ」

あのとき助けてくれた農家の人のことが頭にあったのだろう。


——ユダヤ人のギャビー・コーエンは、戦争中、フランス・レジスタンスのメンバーとして、ユダヤ人の子どもたちをかくまう活動に参加し、その後フランスでソーシャルワーカーとして活躍した。

イタリア軍とパルチザンに守られて――イタリア

アイボ・ハーザー

一九四一年、わたしが一六歳のとき、両親とわたしはクロアチアの首都を逃げ出した。クロアチアにファシスト・ドイツの傀儡《かいらい》政府ができ、ユダヤ人に対するテロが始まったからである。初期の国外移送を逃れたわたしたちは、ユーゴスラビアのイタリア軍駐留地域へ逃げこもうとした。イタリア人がわれわれを受け入れてくれるかどうかまったくわからなかったし、イタリア語も話せなかったが、とにかくドイツ側に逃げるよりはましなはずだという盲目的判断で、国境を越えようと試みたのである。

しかし、われわれが乗った列車は途中で先に進めなくなり、乗客は全員、列車から降ろされてしまった。万事休すだった。足止めをくった町は、ゴスピチという、クロアチアのファシズム生誕の地だった。わたしたちは何も証明書類を持っていなかった。ユダヤ人には夜間外出禁止令が出ており、町のすぐ外には強制収容所があった。

イタリア軍の列車で

一緒に逃げてきた一二〜一五人のユダヤ人にとって、状況は絶望的に見えた。しかし、ちょうど、わたしたちが泊まっていた家の前を、駐留していた二、三人のイタリア軍兵士が通りかかった。父はとっさに彼らに近づき、イタリア語で話しかけた。と言っても、知っていたわずかな単語から二言、こう言っただけだった。「ユダヤ人、心配」。兵士たちはすぐに反応し、「心配するな」と答えた。まもなく軍曹がやってきた。軍曹はフランス語が少し話せた。その結果、軍曹は「イタリア行きの軍の列車に乗れるようにしてあげよう」と言ってくれた。命を助けてくれるというのだ。

わたしたちは信じていなかった。しかしその晩、真夜中ごろ、軍曹が別の兵士二、三人を連れてやって来て、金を要求するでもほかの要求をするでもなく、わたしたちを駅まで同行させ、軍の列車に乗せてくれた。軍曹たちも一緒に乗った。

列車に乗っていた満員のイタリア軍兵士は、一二〜一五人の、逃げてきたらしい汚らしい身なりの民間人を見て驚いていたが、軍曹はうまく説明してくれたようだった。たぶん、「難民」とか「気の毒な人たち」とか、もしかしたら「ユダヤ人」ということばまで使って説明したかもしれない。わたしはまだイタリア語ができなかったので、どういう説明をしたのかわからなかったが、とにかくわたしたちは無事に国境を越え、イタリアの町フィウメ〔現クロアチアのリエカ〕に着いた。

しかし軍曹はそれにとどまらず、司令部に出向いて、わたしたちに食糧と飲み物が与えられるように頼んでくれた。食べ物はすぐに届き、軍曹はそれを見届けると立ち去った。この軍曹の名前はわからないが、彼のようなイタリア人はほかにもおり、その人たちのお陰で何百人ものユダヤ人が、死しか待っていないクロアチアからイタリア支配地域に逃れることができたのである。

わたしたちは最終的に、クロアチアのイタリア軍支配区域の町チルケニッサに滞在することが許された。父を含めたユダヤ人グループの代表は、この地域の民間人問題担当の少佐と頻繁に会合をもった。実際、わたしたちが到着して七日目、もうすぐヨムキプール（贖罪の日）だと聞いた少佐は、ユダヤ人が祝祭日を祝うことを認めるべきだと考えた。町には戒厳令が敷かれており、集会は禁止されていたし、夜間外出禁止令も出ていた。しかし少佐は父を呼んで、こう言った。

「きみたちがユダヤ教最大の祝日を祝えるように、学校の教室を徴用した。規定適用除外を認める」

少佐は代理の部下を監視のためによこし、わたしたちはヨムキプールを祝った。一九四一年一〇月、ヨーロッパが戦火に包まれている最中のことだった。

わたしたちはイタリア人と友好的な関係を発展させた。両親はイタリア人将校とブリッジをし、イタリア人兵士はユダヤ人女性とデートをした。イタリア軍との関係からは、敵国にいるという感じはまったくなかった。

突然、収容所に

一九四二年一一月になって、わたしたちは突然集合させられ、収容所に入れられた。海岸のポルト・レという町の大きな収容所で、その辺りにある唯一の収容所だった。後にわたしが聞いた話、目にした文書から判断すると、この措置はイタリア外務省の決定だったようだ。

ユダヤ人救済に関して、イタリア外務省は軍と共同路線をとっていたが、ユダヤ人絶滅をめざすドイツからの絶え間ない圧力をなんとかかわさなければならなくなってきた。そこで、それまで広い地域に散らばっていたユダヤ人を数カ所にまとめ、ドイツには、イタリア国籍の者とそうでない者との識別を行なっている、と伝えることにしたのである（当時はイタリア国籍の者はドイツに引き渡されることはなかった）。

これはイタリア側の引きのばしのための都合のよい口実だった。同時に、放っておけばクロアチア政府がどこで何をするかわからなかったので、イタリア軍としては、わたしたちの運命を掌握するには、ユダヤ人を数カ所にまとめておくほうがまぎれもなくたやすかったのである。

しかしそのときは、何がどうなっているのかわからなかった。言うまでもなく、わたしたち

イタリアのユダヤ人移送。

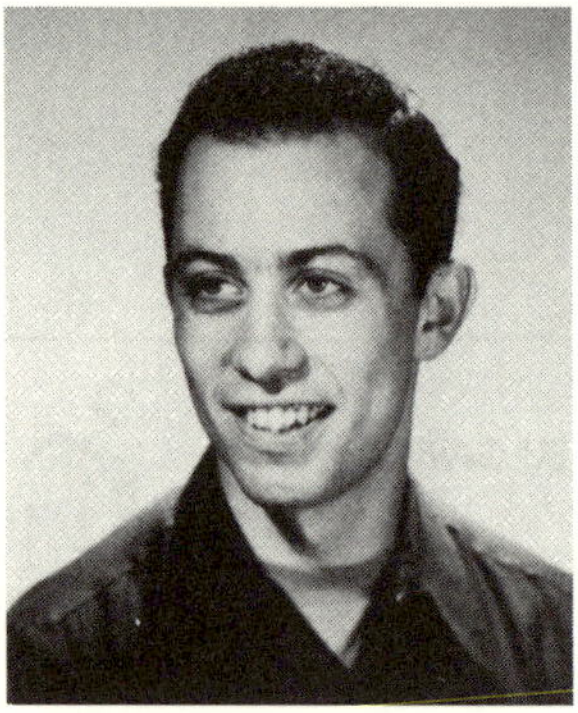

左、イタリアの都市ポルト・レの収容所で（1943年２月５日）。
右は、解放後のアイボ・ハーザー。

は大きなショックを受けた。ドイツが圧力をかけていることはうすうす察していたので、当然のことながら、イタリア人が圧力に屈するのではないかと恐れた。

収容所はもともとゲリラのために作られたものだったと思う。だから安心できる場所などでは決してなかった。それでも収容所の司令官は、最初の挨拶で、収容所にイタリア国旗がはためいているかぎり、不都合なことは決して起きないだろうし、可能な限り希望に応じる、と述べた。

島を出れば死が

わたしたちは、収容所をコミュニティとして組織した。イタリア軍は宗教行事のための小屋を建てることさえ許可してくれ、一九四三年にはそこで「パサハ」(過越祭)の祭事がとり行なわれた。学校も、小学校と中高レベルの両方があった。軍は学校の設備を整えてくれ、教科書まで支給してくれた。

ヨーロッパ各地で、何千何万という子どもたちが列車で運ばれ、死に追いやられていたまさにそのとき、わたしはラテン語やイタリア語や歴史を勉強していたのである。イタリア人は、ユダヤ人を殺すのはよくないと考えただけでなく、もっと人間扱いすべきだ、と考えていた。だから礼拝所も学校も提供してくれたのである。

食糧は十分ではなかったが、ユダヤ人にもわずかながら配給があった。手元の記録によると、第二軍の主計総監の「ユダヤ人への配給はどれほどにすべきか。多く与えるべきか、少なくてよいか」という問いかけに対して、部隊はこう答えている。「ユダヤ人は配給以外に食糧を購入することができないので（たぶん、ヤミのことを言ったのであろう）、子どもたちについてはイタリア人の子どもと同じ扱いにしましょう」

イタリア軍はわれわれに対して、できるだけのことをしようとしてくれた。後には自分たちの金で食糧を買うことも許してくれた。

その後わたしたちは、ラーブ島のアルベ収容所に移された。そこでも学校は続けられた。軍隊はわたしたちを、毎日、水泳に連れていってくれさえした。約二百人のユダヤ人に監視の兵士が一人という状態だったが、誰も逃げようとはしなかった。島を出れば死が待っていることを、誰もが知っていたからである。

しかし一九四三年九月八日、イタリアは降伏した。それはあまりにも急だった。連合軍司令部の突然の発表に、イタリア軍はわれわれの安全など考慮する暇はなかった。イタリア軍は撤退を開始し、われわれは取り残された。

だが、ドイツ軍が来る前にチトー〔後のユーゴスラビア大統領〕のパルチザンが島に到着し、われわれに逃げる余裕を作ってくれた。何人かはパルチザンとともに山中で殺され、高齢のため動きたくないと言って島に残った約二百名は、一九四四年三月に進攻してきたドイツ軍に捕えられた。しかし島の収容所にいたユダヤ人の大部分は生きのびた。われわれが生き残れたのは、イタリア軍の保護があったからであり、パルチザンが守ってくれたお陰である。

——アイボ・ハーザーはユーゴスラビアのユダヤ人で、家族とともにイタリア軍に助けられ、ナチスの手から逃れることができた。その後アメリカに移住。ホロコーストの間にイタリア人がどのようにユダヤ人を助けたかを、世に知らせる活動を熱心に行なった。

功を奏した市民の団結——ブルガリア

チャイム・アサ

わたしの父は、ブルガリアの黒海地域に住むユダヤ人コミュニティの代表だったので、ユダヤ人コミュニティ宛に送付されてくる公式文書はすべて父が受けとっていた。

一九四三年一月、父は一通の電報を受けとった。内務大臣の下に組織されたユダヤ人問題監督局のソフィアの局長から、ブルガスの監督官宛に打電されたものが誤配されたのだった。郵便配達人は、ユダヤ人コミュニティ代表のほかにユダヤ人問題監督官などというものがあるとは知らず、ユダヤ人問題なら父と思いこみ、父のところへ電報を配達してしまったのである。

電報の中身

父は電報を受けとり、開封し、読んだ。電報は国内の全ユダヤ人問題監督官宛に発信されたもので、電文には、六週間以内にユダヤ人を「再入植」――つまり強制移送――できるように準備すること、各監督官は早急にユダヤ人のリストを作成し、ソフィアへ送付すること、とあった。移送列車の日程、時間、乗車場所が記載されており、乗車、輸送を効率的に行なうために、ブルガリアのユダヤ人コミュニティをA、B二つのグループに分けて実施することも記されていた。

もちろん父は内容を暗記した後、急いで電報を封筒に戻し、郵便局長のところへ届けた。郵便局長はうちの三階に同居しており、家族の親しい友人だった（わたしたちは毎晩彼の住まいを訪ね、九時のラジオ放送「ボイス・オブ・ロンドン・イン・ブルガリア」を一緒に聞いていた）。

郵便局長は「しようがないやつらだ。字もろくに読めないのだから。大丈夫だよ。わたしが再送しておく」と言いながら封筒を開け、中身を読み始めた。郵便局長は失神せんばかりに驚き、父に聞いた。「アサ、読んだか？」

父は答えた。「まさか！」それが嘘であることは二人とも承知していた。

郵便局長は封をし直し、正しい宛先に送り直した。なぜ破棄しなかったのかと思うかもしれないが、とにかく二人ともそうしなかった。中身が何であれ、公のものを勝手に破棄すべきではないという気持ちが働いたのかもしれない。確かなことはわからないが……。

父はすぐに列車の手配をすると、その晩の夜行でソフィアへ立ち、「教区会議」本部へ駆け

1941年、ブルガリア政府が、国内のユダヤ人を管轄する「ユダヤ人問題監督官」を任命した際、ブルガスで行なわれた歓迎会で（後列左から6人目が、ブルガスのユダヤ人コミュニティ代表だった、チャイム・アサの父）。

経営していた雑貨店の前に立つ両親（父と養母、1941年6月21日）。看板には「雑貨店“小象”アブラハム・X・アサ」と書いてある。右は、両親と（1941年3月21日）。

つけた。教区会議は、今日、各国にあるユダヤ人連合会あるいはユダヤ系団体連絡協議会のようなものと思っていただければよい。

翌朝緊急会議が招集され、父は電報の内容を告げた。大半の反応は、「まさか。ありえないことだ。ドイツやポーランドじゃあるまいし。ブルガリアでそんなことが起きるわけがない。取り越し苦労だよ、アサ」というものだった。父は答えた。

「わたしもそう信じたい。だがわたしはこの目で電報を読んだのだ」

幸い、出席者のなかに「わたしもその電報のことは知っていたが、証拠がなかったので発案のしようがなかった。だが実際に見た者がいる。これではっきりした。みんな、これは事実だ」と言う者がいた。

一般市民が抗議行進

教区会議は行動を起こすことに決めた。ロビー活動を組織し、一カ月半以上にわたって、議員（議会はまだ機能していた）、労働組合、農民同盟に積極的に働きかけた。国王ボリス三世やギリシャ正教のソフィア大司教にも陳情し、一般市民にもキャンペーンを繰り広げ、ブルガリア在住ユダヤ人の移送計画をとり下げさせるよう、ドイツに圧力をかけることなども決めた。

ブルガリアのユダヤ人が救われたのは誰の、あるいは何のお陰か、ということはよくわからない。明確な要素を一つとり上げて、これが事実であり、理由である、と言い切れるものはない。しかしブルガリアは、一般の非ユダヤ人――労働者階級や普通の市民――が街を行進して抗議した唯一の国である。

抗議行動はソフィアからほかの都市へも広がった。一九四三年三月の時点では、ブルガリア在住ユダヤ人の強制移送は中止されたので、それほどではなかったが、その春も終わる五月には、デモが盛んに行なわれた。実際、何人かの非ユダヤ人が、この抗議行動中に警察と衝突し、射殺された。

素朴で善良なブルガリア人は、ブルガリアのファシスト政権の命令であれ、ナチスの命令であれ、ユダヤ人に対するそのような命令に黙って従おうとはしなかった。そしてみごと、「旧ブルガリア」のユダヤ人に関するかぎり、強制移送を阻止することに成功した。

わたしは、属していたグループが移送されなかったので助かった一人であり、個人的に助けられたわけではないが、そのときが来たらいつでもかくまってあげると言ってくれた、すばらしいキリスト教徒の女性がいた。名前はマリカ・カロロバといった。

幸いその必要はなかったが、数年前、なぜそんなことを言ったのか、聞いたことがある。すると彼女は、いつものように何げなく、こう答えた。

「善良なキリスト教徒として、どうしてかわいいエンリコ（わたしはそう呼ばれていた）をあいつらの手に渡せたかね。どこへ連れていかれるかわからなかったのに。わたしはかくまうつもりだったよ。かくまって、守るつもりだったよ」

――チャイム・アサはブルガリア人で、父親がブルガリアのユダヤ人コミュニティの代表だった。家族とともに、ブルガリアの非ユダヤ人の努力により、ホロコーストを生きのびた。アサは、その後ラビになった。

真夜中の救出作戦——ノルウェー

レオ・エイティンガー

一九四二年一〇月二五日の夜遅く、シグリット・ヘリーセン・ルント夫人の家の電話が鳴った。夫人はナンセン委員会など人道主義団体、平和団体で活動するノルウェー人である。電話の主は、低い、明らかに作り声の男の声で、こう言った。

「警察だが、明朝、大きな集会がある。収集するのは大きな荷物だけだ」

電話は切れた。「集会」の意味はすぐにわかった。ゲシュタポの「アクツィオン（ユダヤ人狩り）」のことを、ノルウェーではこう呼んでいた。だがほかの部分はどういうことだろう。熟慮、調査の結果、伝言の意味が明らかになった。ゲシュタポが、明朝大規模なユダヤ人狩りを行なうための準備をしている。「大きな荷物」とは成人男子のことだ。さっそく救出作戦が開始された。しかし残された時間は二、三時間しかない。その間にオスロ中のユダヤ人を隠さなければならない。オスロに次ぐユダヤ人コミュニティのあるトロンハイムでは、すでに何回かアクツィオンがあり、多数の成人男子が逮捕されていた。

真夜中の救出工作

その晩、正確な数はわからないが、大勢のノルウェー人がユダヤ人家庭に危険を告げて回る一方、ユダヤ人を隠す場所を探し歩いた。それは死に物狂いの闘いだった。まず時間がなかった。そのなかで、事態の深刻さを理解しない一般人を説得し、真夜中、見ず知らずのユダヤ人を受け入れてくれるように、あるいはしばらく泊めてくれるように、頼みこまなければならなかった。

ユダヤ人救出に奔走する人びとがしていることは、実は、非ユダヤ人に、面識がないかもしれないユダヤ人のために命を賭けてくれと頼むことであり、それは事実だったが、それを承知であえて説得しなければならないつらさがあった。

一方、逃げなければならないユダヤ人のなかにも、自分たちの命が危険にさらされていることを信じたがらない人たちも多く、その説得もたいへんだった。そしてもちろん、ユダヤ人の家に踏みこんでくる警察とも闘わなければならなかった。

アクツィオンは午前五時に開始された。その間のいきさつは、ユダヤ人のスウェーデンへの脱出についてまとめた非公式記録に詳しく記されている。

ナチスの迫害からユダヤ人を救出しようとするノルウェー人の戦いは、首都オスロが主な、もっとも大きな舞台となった。当時ノルウェーには千八百人のユダヤ人がおり、そのうち千百人がオスロに住んでいた。成人男子が逮捕された一カ月後、今度は女性と子どもが逮捕されるという知らせが入った。今度もルント夫人のもとに電話が入り、電話の主は、「小さな荷物も収集する」と伝えてきた。

ノルウェー人たちは、灯火管制で真っ暗な街を、文字どおり転ばんばかりに駆けずり回った。このときは、前回よりも多くの協力者を見つけることができたが、救出作戦は逆に難航した。大人の男一人ならかくまえても、母親と子ども二人とか三人とかを一緒にかくまうとなると、そう簡単にはいかなかった。母親は年端のいかない子どもを手放したがらず、パニックにおちいる者もいた。また理性をなくし、役に立たない、つまらない物を持っていきたいと言いだす者もいた。子どもたちは怖がって泣きだし、それだけでも救出計画全体がふいになる危険さえあった。

後で知ったことだが、このとき、別の救出グループも動いていた。ノルウェー人の医師一家と親しかったある亡命ユダヤ人は、大量逮捕が行なわれるという情報をたまたま聞きこみ、緊急集会を招集した。医師夫婦には内緒に、四〇〜五〇人がその家に集まった。彼らはユダヤ人に警告する人、隠れ家を探す人、ユダヤ人を移す人と、役割分担を行なった。

その場に集まった人びとも全員、何人かずつ引き受けた。

ドイツ占領下のオスロ、市内随一の繁華街。

このとき呼ばれて来ていた地下組織のリーダーは、父親が弁護士だった。その弁護士も自宅に数人かくまったが、そのうちの二人が逃亡の途中、スウェーデン国境でドイツ兵に発見されてしまった。

二人は自殺しようとしたが一人は病院に運ばれ、命を取り留めたため、すぐさまゲシュタポに尋問された。朦朧《もうろう》とした意識のなかで、彼はかくまってくれた弁護士の住所と名前を白状してしまった。弁護士はすぐに逮捕された。しかし息子が地下組織のリーダーであることから、自白させられたらレジスタンス運動に大打撃を与えると思い、逮捕されたその晩、刑務所で自殺した。

そのことを知ったのは、わたしも同じ刑務所に捕まっていたからだ。彼の息子はスウェーデンに逃げることができ、後に医学の教授になった。彼とわたしとはその後同僚として、また友人として、長く付き合っているが、彼は父親の悲劇や父親の死の本当の理由を口にしたことは一度もない。

スウェーデンへ脱出させる

ノルウェーにはユダヤ人の子どもを収容した児童保護施設があり、オーストリアおよびチェコスロバキアから連れてこられたユダヤ人の子ども二一人が住んでいた。この子どもたちは、両親を身軽にして移住先を見つけやすいようにという配慮で、ノルウェーに疎開させたのだが、ノルウェーもナチスに占領され、この計画は無意味になってしまった。しかしナンセン委員会もオスロのユダヤ人コミュニティも、子どもたちをどこへ連れていくわけにもいかず、引き続きこの施設で面倒を見ていた。

女性と子どもも全員逮捕されるという夜、「小さな荷物も」という電話を受けとったルント夫人は、精神科医の女医に知らせた。医師はいつでも、空襲警報が鳴っているあいだでさえ、車を運転してよいことになっていたので、女医はすぐに児童施設に車を走らせ、必死の思いで子どもたちを施設から連れ出した。数人ずつ、後部座席に毛布で隠し、施設と隠れ家との間を四往復し、子どもたちを全員救出した。

こうして九三〇人のユダヤ人を救い出し、その後数カ月かけてスウェーデンへ脱出させた

——信じられないような困難を乗り越え、驚くような手間暇をかけたうえで。

とくに大きな貢献をしたのは「国境案内人」と呼ばれる人たちで、彼らのお陰でユダヤ人は安全な土地に渡ることができた。

わたしは、前述の精神科の女医をはじめ救出に参加した大勢の人たちと、その後も長年付き合っているが、この一九四二年の一〇月と一一月に彼らが成し遂げた偉業のことは、誰ひとり口にしたことがない。

ノルウェー国民の努力にもかかわらず、もともとノルウェーに住んでいたユダヤ人六百人と亡命してきていたユダヤ人一二〇人が国外へ移送された。ノルウェー生まれのユダヤ人で帰国できたのは、たった一一人だった。亡命ユダヤ人でアウシュビッツに送られた者のうち、生き残ったのは一四人、そのうち数名がノルウェーに戻った。わたしもその一人である。

ノルウェー人がユダヤ人を救うために、誰がどこでどんなことをしたか、その一例を挙げたい。助けられたKさんと四歳の娘は、トロンハイムに住んでいた。

Kさんの夫はすでに逮捕されていた。二人はまずトロンハイムから、人里離れた小さな村にかくまわれた。しかしそこも安全ではなくなり、一九四二年一一月二九日、ある山の牧場に移された。そこは真夏の三〜四カ月、牛飼いの女が牛の群れを連れてくるだけで、冬は空き家になっていた。

牧場からスウェーデン国境までは約一五〇キロあり、逃避行の大部分はスキーを使わなければばならなかったが、ノルウェー生まれでなかったKさんはスキーができなかった。

牧場へ母子《おやこ》を案内した農家の青年二人は、Kさんと娘の世話に明け暮れた。週に一度は村へ下り、食糧を手に入れなければならなかったが、これがまたたいへんだった。村人の好奇の目をかわさなければならなかっただけでなく、食糧はすべて配給で、食糧を買うことは違法だったからである。

二人はKさんにスキーを教え始めた。子どもを入れて運ぶ毛皮のリュックも作った。Kさん一人で国境を越えるのはとても無理だと判断した二人は、Kさんを引っ張って先導できるような、ハーネスのようなものも用意した。もう一人は、子どもも自分も慣れるように、子どもを毛皮のリュックに入れて運ぶ練習をする一方、道中、子どものあらゆるニーズに応えられるよう準備した。

そのうえで、逃亡ルートを綿密に計画した。約一カ月後、いよいよスウェーデン国境をめざすことになり、四人は出発した。二人のノルウェー青年は無事使命を果たし、二日後、ノルウェーに戻ったのだった。

本稿執筆に当たっては、ヤーン・オットー・ヨハンセン著『それはノルウェーでも起こった』（一九八四年）、ラグナール・ウルステイン著『スウェーデンへの道』（一九七四年）を参考にした。両著者に感謝する。（エイティンガー）

――医学博士レオ・エイティンガーは、ホロコーストを生きのびたユダヤ人で、学者であり、作家でもあり、オスロ大学精神科教授も務めた。

積極的抵抗か、消極的抵抗か――デンマーク

ヨルゲン・キーラー

一九四〇年四月、ドイツの侵略を受けたデンマーク国民は、絶望と欲求不満と怒りと恥辱感とで麻痺状態におちいった。この状態は次の年が明けるまで約一年続いた。当時デンマークはまだ一九三〇年代の経済・社会問題を引きずっており、国内は分裂していた。そんな状態でナチスの占領にあい、自由を失ったのである。

しかし一九四一年に入って、デンマークの政党や社会団体のあいだに再び国民的結束が生まれた。どの団体も、共通の文化的基盤に立っていること、デンマークの独立と民主主義の堅持という共通の目的をもっていることを、互いに認識し始めたのである。ナチスの同調者も残っていたが、嫌われ者の少数派だった。各地で集会が開かれ、デンマークの文化的伝統、文学、民族音楽はすべてのデンマーク人のものであり、デンマークの宝であることが再確認された。

拡大する積極的抵抗

一九四二年になると、デンマークの国際的立場が重要視されるようになった。一九四〇年四月に、ほとんど何の抵抗もせずに降伏したという悔しさは、まだ消えていなかった。積極的な抵抗運動が始まった。しかしまもなく、国民のあいだに再び分裂が生じ始めた。今度は、消極的抵抗を好む多数派と、いわゆる「ノルウェーの状態」つまりドイツ人に対する積極的闘いを望む少数派とに、である。

後者は少数派ではあったが、数は次第に増えていた。目的は同じ、デンマークの独立と民主主義の堅持であったが、手段が違っていた。それは戦略や勇気の問題だけでなく、倫理の問題でもあった。

「ゲシュタポが部屋に入ってきて、ぼくらの弟に銃を向けたら、姉さんはどうする」

わたしも姉妹の一人に、そう聞いたことがある。

「体を張ってあの子を守るわ。でも銃は持たない」

せいぜいそれが勇敢な答えだった。一九四二年には、事態にまだ大きな変化はなく、議論は続いた。

一般のデンマーク人のあいだでは平和主義が大勢を占めていたが、わたしが属していたグループをはじめいくつかのグループが、武器を集め始めた。一九四三年の春には非合法新聞の発行がますます盛んになると同時に、サボタージュ、暴動、ストライキといった積極的抵抗運動が激しくなり、デンマークに「ノルウェーの状態」を作りだすことに成功した。一九四三年八月二九日、デンマーク政府は総辞職し、国の支配権はドイツ人が完全に掌握した。

レジスタンス運動にとってこれは一つの勝利だったが、まだ、全国民が一致団結したわけではなかった。もしドイツが二つの重大な過ちを犯さなかったら、積極的抵抗か消極的抵抗かという議論はまだ続いていたかもしれない。

逃亡ルートの確保

その年の九月半ば、デンマーク人のサボタージュ参加者の処刑が初めて行なわれた。積極的抵抗に参加することは命を賭けることだということが、いまや誰の目にも明らかになった。消極的抵抗の支持者も、同様の犠牲を払うことにやぶさかではないと言えるだろうか。

二週間後、この問いに答える機会がやってきた。ドイツが二つめの過ちを犯したのである。つまり、デンマーク在住ユダヤ人への迫害を始めたのだ（暴力の倫理問題で答えの出ない議論に明け暮れていたデンマーク国民は、この事態に反応した。それまで消極的抵抗を主張してきた人びと全員が、自分たちも、進んで命を犠牲にしようとする人びとに負けない道徳観をもっていることを証明したい、という気持ちになった）。

いよいよ「体を張って弟を守る」ときが来た。それまで何カ月も倫理的葛藤に悩んできた多

戦時中のコペンハーゲン。

くの人びとが、この機会をとらえて答えを出した。

わたしは弟と二人の姉妹と一緒に、コペンハーゲン中心部の三LDKのアパートに住んでいた。わたしたちはユトランド半島の地方都市の出身で、全員、学生だった。アパートは、学生や海軍士官候補生の集会所になり、非合法新聞の印刷室になり、やがてドイツ軍やデンマーク海軍から取り上げた武器の貯蔵庫にもなった。

わたしたちも、積極的抵抗か消極的抵抗かの議論をそれまで何カ月も続けていたが、ユダヤ人が逮捕されたことで、議論に突然終止符が打たれた。

しかしユダヤ人を救うには武器が足りなかった。彼らをスウェーデンに亡命させるための船と金も必要だ。金の問題は四八時間以内に解決した。仲間の一人、クラウスという青年が、コペンハーゲン周辺の大地主のほとんどと顔なじみだったからだ。彼はわたしの姉妹の一人、エルセベートと、週末を使って地主を訪ね回り、百万クローネという大金を手にして戻ってきた。不足はほかのメンバーが集め、ユダヤ人自身もかなりの額を拠出した。

デンマークとスウェーデンに挟まれた海峡には、ちょうど中ほどに灯台がある。グループに加わった二人の女性、エバとヘニーが、知り合いを通じて数人の漁民と接触する一方、この灯台まで毎日往復している小さな貨物船の乗組員ともつながりをつけた。こうしてわたしたちは、コペンハーゲンからスウェーデンに渡る、二つの主要逃亡ルートを確保した。

それから数週間は、ユダヤ人を見つけ、港まで案内し、船を手配し、乗船を見届けることが重要な仕事になった。エバとヘニーは常時港で待機し、ユダヤ人の乗船を見届けた。わたしたちはこの二つのルートを使って、約千五百名のユダヤ人を、一人の犠牲者も出すことなく、救出した。

しかしわれわれの仲間には犠牲者が出た。カトー・バクマンである。カトーは医学生で、サボタージュには参加しなかったが、非合法新聞の発行やユダヤ人救出活動には命を賭して参加していた。

ある日、ビスペビアウ病院の外科医のアパートにいたところをゲシュタポに不意打ちされ、二階の窓から飛び下りたが、撃たれ、重傷を負った。すぐに病院の急患室に運ばれたものの、当直の看護師の腕に抱かれて息を引き取った。その看護師は彼の妻で、二人は二、三週間前に結婚したばかりだった。彼女は新婚の夫を埋葬した後も仕事を続けた。

ユダヤ人を国外に脱出させるのには二週間かかった。ユダヤ人が安全になってからも、レジスタンス運動は続いた。わたしたちはユダヤ人の代わりにスパイ、工作員、武器、秘密の資料などをスウェーデンに運び出す活動を始めた。もはやレジスタンスのなかで、消極的抵抗か積極的抵抗かを議論する者はいなかった。誰もが活動に積極的に参加せざるをえない状態になっていた。

成功の要因

デンマーク・ユダヤ人の救出が成功した理由はいくつかある。一番の要素はもちろん、ドイツ人武官、ゲオルク・F・デュクビッツの警告である。ユダヤ人の強制移送が行なわれることをわれわれデンマーク人に知らせてくれた彼の功績は、他のどんな個人の貢献をもしのぐ。

狭い海峡を隔てたすぐ向こうに中立国スウェーデンがあったことも大きな要素だった。またドイツ海軍がデンマークの長い海岸線を掌握しきれなかったことも理由として挙げられるし、ドイツ側内部の意見の不一致も幸いした。デンマーク監督府長官ベルナー・ベストとデンマーク駐留ドイツ軍司令官フォン・ハーネケン将軍との対立のお陰で、ユダヤ人迫害はスムーズに進まなかった。

これらはいずれも重要な要素であったが、決定的な役割を果たしたのは、何といってもデンマーク国民の行動であった。消極的抵抗か積極的抵抗かの議論は、そのような行動にいたったデンマーク国民の心理的説明の役には立つと思う。しかし、デンマーク人の心の中に伝統的にあった人道主義精神と、デンマークでは反ユダヤ主義がほとんどなかったことも大いに影響したと思う。

ユダヤ人から受けた精神的刺激

われわれの多くは組織されたレジスタンス運動家だったが、必要とされたときに自発的に活動に参加した人も多かった。われわれには、デンマークの独立と民主主義の堅持という共通の目的があったが、ユダヤ人迫害によって、ヒトラーに対するわれわれの闘いに、もっと大きな、あらたな側面が加えられた。「人権の擁護」という側面である。個人に対する責任、個人の尊重が、われわれの闘いの主要目的になった。この闘いに、救出する側も救出される側も、とくにドイツ人に捕えられた人びとは、全精神力、全体力を傾注した。

亡命者の流れが途絶えた後も、われわれはサボタージュを続けた。倫理的議論はそれ以上起こらなかった。約四カ月の間に二五回の行動を起こし、軍需産業に大打撃を与えたりもしたが、とうとうドイツ人の命令で解散させられてしまった。戦後の調査で、グループのメンバーのうち、行動の際に射殺された者が二名、自殺した者が二名、拷問の末処刑された者が二名、強制収容所で死んだ者が二名いたことが判明した。強制移送されたユダヤ人のうち四名が生還し、そのほかのユダヤ人はデンマーク国内に隠れていたか、スウェーデンに亡命して生きのびた。

これが、共通の目的を追求した代価である。

振り返って思うに、デンマークのレジスタンス運動があれほどの力を発揮できたのは、ユダヤ人から受けた精神的刺激のお陰だと思う。わたしたちはユダヤ人から感謝される必要などない。わたしたちが感謝しなければならないのは、互いの友情だ。

——医学博士ヨルゲン・キーラーは、ドイツ占領下のデンマークで、デンマーク・レジスタンス運動の闘士だった。コペンハーゲンにある自由財団会長も務めた。

逃避行——デンマーク

レオ・ゴールドバーガー

わたしは生涯、忘れない。

今でも昨日のことのように覚えている。口では言えない恐怖の瞬間を、友人ばかりでなく見知らぬ人も含めたデンマーク人の、温かい社会的支援のネットワークを。

一九四三年六月、わたしは「バル・ミツバ」〔一三歳になった男子を祝うユダヤ教の成人式〕を済ませたばかりだった。シナゴーグでの儀式に続いてもうけられた祝いの席は、二年前の兄のときに比べたら慎ましいものだったが、それでもみんなに祝ってもらえて幸せだった。贈り物もあり、二、三人から万年筆、宗教書を数点、それにピカピカの大きな懐中電灯を貰った。とうとう一人前の「男」になったのだ！　これでレジスタンスに入れる。これまでのように、赤と白と青〔チェコスロバキアの国旗の色〕に塗り分けられた襟章を着けたり、群衆にまぎれてドイツ兵をこづき、脱兎のごとく逃げたり、ドイツ軍の車のガソリンタンクに砂糖を入れたりといったそんな子どもじみたドイツ人いじめをするだけではない、大人の地下運動に。

デンマークへ移住

わたしたち家族、両親と当時三人の子どもは、一九三四年、チェコスロバキアのモラビア地方からデンマークに移住した。両親は、もともとスロバキア地方のブラチスラバの出身で、その後ユーゴスラビアに二、三年住んだ後（わたしはそこで生まれた）、豊かで住みやすいユダヤ人コミュニティのあったモラビアに移り住んでいた。父はそこで「首席カントール」〔ユダヤ教の礼拝で、典礼文を読み上げて礼拝を先導する役〕をしていた。忙しい人だったが、チェコのなかに反ユダヤ主義の雰囲気を感じていたらしい。父は外国での仕事を探し始めた。

チェコを出たいと思ったのは、直接的な反ユダヤ的発言だけでなく、あちこちでナチの軍隊が行進し、ドイツの国粋主義的スローガンが掲げられ始めたからだったと思う。チェコの友人やユダヤ人の仲間は皆、取り越し苦労だ、心配することはないと言ったが、父は移住を望んだ。運よく、まったく運よく、コペンハーゲンのグレート・シナゴーグのカントールという名誉あるポストが空いていた。父はこれに応募し、テストを受け、合格して任命された。

そして一九三四年、家財道具やグランドピアノやその他もろもろの引っ越し作業の後、わたしたちは歴史ある、風光明媚なデンマークの首都に落ち着いた。やがてデンマーク人のゆったりした生活様式にも慣れ、デンマーク語やデンマークの習慣も覚え、デンマークが自分の国のようになった。この国には反ユダヤ主義はかけらも見られなかった。ユダヤ人はすでに百年以上も昔、一八一四年に完全な市民権を与えられており、長年のあいだにあらゆる職業分野で高い評価を受けていた。

奇妙な侵略

そこへ、あの運命の日がやってきたのである。

一九四〇年四月九日、拡大する戦火は、中立を宣言していたこの美しい国を襲った。デンマークがドイツと相互不可侵条約を結んだ直後のことだった。爆音を轟かせて低空飛行する戦闘機の群れが、夜明けの空を真っ黒に覆った。空から紙吹雪のように落ちてくる緑色のちらしを、わたしは自分の部屋の窓から身を乗り出して拾った。

それは滑稽なほど下手なデンマーク語で、全デンマーク人に冷静を保つように呼びかけたものだった。ドイツ国防軍には、デンマークを侵略する意図はまったくなく、ただ、連合国の悪意の計画からデンマークを守ってやりたいだけであり、デンマーク国民は通常の日常業務を平常どおり——何事もなかったかのように——続けてほしい、と書いてあった。

実際、首相と、われらが敬愛する国王クリスチャン十世の感動的な呼びかけがラジオで放送された後、国民はそのとおりにした。これまでと変わらない毎日が続いた。チボリ公園(コペンハーゲンの大娯楽施設〕も開園されていたし、国王もこれまでどおり毎日、混み合う街中《まちなか》を乗馬で通られたし、政府も警察も軍隊も、外見上は何事も起こらなかったかのように平常どおり機能していた。武装した〝客人〟——戦車は言うに及ばず、おびただしい数のドイツ陸海空軍の兵士および親衛隊員——がいたる所にいるというのに。まるでおとぎ話の中にでもいるような、それほど非現実的な光景だった。ユダヤ人の生活もこれまでどおり続いていたのだから、今考えるとまったく奇妙だ。

ユダヤ人のクラブもシナゴーグも、わたしが通っていた学校も、それまでと変わらず機能していた。いや、正確に言えば、これまでどおりではなかったかもしれない。何か緊張した雰囲気というか、次に何が来るかといった、不吉な不安のようなものがあった。とくに父のように東欧から来たユダヤ人で、ポグロムをくぐり抜けてきた経験のある者の多くは、その不安をとくに強く感じていた。

ドイツの最後通牒

ドイツ占領の初期には、デンマーク人のレジスタンス運動はまだ小規模で、四五〇万の人口のうち参加者はせいぜい三千人程度だった。しかし連合国や連合軍落下傘部隊の支援を受け、それまで非合法新聞の発行、配布程度だったレジスタンスは次第に活発化し、大規模なサボタージュ、軍需工場や鉄道の爆破などを行なうようになった。それはドイツ人には予想外のこと

ゴールドバーガー一家。左から弟グスタフ、父、兄ミラン、レオ、母、弟エリク（1942年、コペンハーゲンのアパートの居間で）。

レオは、一家でスウェーデンに入国後、ボーイスカウトに入団した。レジスタンスにはまだ入れなかった。

だった。彼らは、デンマーク人は政治になど関心のない、人のいい田舎者ぐらいにしか思っていなかった。

ドイツ人は考えた――自由を愛する強情な国民だから、権力をひけらかしすぎると反発し、怒りだすかもしれないが、そうしないかぎり簡単に操れる。いわゆる「ユダヤ人問題」は、口にするだけでデンマーク人は明らかにいらつく。ドイツ人に干渉される問題ではないと。だからこの問題は先送りにしよう。少なくとも初めからユダヤ人問題を取り上げるのは得策ではない。しかしサボタージュは由々しき問題だ。この問題には厳しく対処しなければならない。

一九四三年八月、ドイツ人は最後通牒を発した。デンマーク政府はすべてのサボタージュ参加者に死刑を宣告せよ、と。このほかにも、デンマークの司法、行政の自治を犯す指令が発せられた。デンマーク政府は最後通牒の受け入れを拒み、事態は収拾がつかなくなった。キリスト教徒、ユダヤ教徒の別なく、あらゆる分野のリーダーが人質として逮捕された。父もユダヤ人コミュニティの役員だったので逮捕されるところだった。

八月二八日の夜――というより明け方の三時、玄関のベルがけたたましく鳴り、ドアを、バンバン叩く音がして、わたしは跳び起きた。ライフルの銃床でドアを叩く音がする。ドサドサ、ガチャガチャという兵隊の足音も聞こえる。父が、兄とわたしが寝ている部屋に走り込んできて、「ドイツ人だ。何があってもドアは開けないぞ」と小声で言った。わたしは怖くて怖くてしかたがなかった。彼らはライフルでバンバン叩き続けている。今にもドアを破って入ってきそうで、父に、「お願いだから出て」と頼んだが、父は頑としてきかなかった。そのときだった。もうだめかと思ったそのとき、上の階の住人が怒鳴る声が聞こえた。

「ゴールドバーガーさんのうちなら夏休みでいないよ。だいたい今何時だと思ってるんだ。夜中の三時だぞ。静かにしてくれ」

アパートの外に見張りが残されたのが、窓のカーテン越しに見えたので、わたしたち——父と兄とわたし——は裏階段から出て、防空壕に身を隠した。二四時間後、父は人目につかないよう顎髭を剃るなどして変装し、わたしたちは壕を抜け出した。そして駅に向かい、急いで町を出た。列車の中でも、父は新聞で顔を隠していた。八月二八日、父の四〇歳の誕生日だった。母と弟二人は、先にヘルシノア（ヘルシンゴー）の近くの貸し別荘に行っていたので、わたしたちもそこへ避難した。父はドイツ人の目を逃れ、人質にならずに済んだ。しかし実はもっと恐ろしい出来事が待っていたのである。

スウェーデンへの脱出計画

八月初めに始まった危機は最高潮に達した。政府は方針を曲げず、とうとう総辞職の道を選んだ。八月二九日、ドイツとデンマークの関係はまったく新しい事態になった。操り人形の背後から人形師が姿を現したのだ。もはや政府とレジスタンスとの対立ではなくなり、権力の座にいるのはドイツ人であることが明白になった。国王は離宮に幽閉され、軍隊は武装解除され、士官らはコペンハーゲン北部に作られた収容所に人質とともに強制収容された。警察と沿岸警備隊も、明らかに非政治的、民事的機能しか果たさなくなった。ただしサボタージュ参加者とスウェーデンへの脱出者の逮捕は、これまでどおり要求された。

九月半ば、両親は事態が一応沈静化したと判断し、コペンハーゲンのアパートに戻ることにした。子どもたちにいつまでも学校を休ませておくわけにもいかなかったからだ。

スウェーデンへ脱出するという考えは、それまで可能性のある選択肢として浮かんではいなかった。ドイツ軍とデンマークの沿岸警備隊の厳重なパトロールが行なわれていたので、まず不可能だと思っていたからだ。だがそのころになると、少なくともやってみる必要はあるかもしれない、と感じ始めた。九月末、ドイツ人がユダヤ人を全員狩り集め、強制収容所に送りこもうとしている、という情報が入った。

もはや躊躇《ちゅうちょ》している段階ではなかった。警告は、コペンハーゲンのドイツ軍司令部に所属する、勇気あるドイツ人海軍武官ゲオルク・F・デュクビッツから届いたもので、デンマーク人の仲介者を通じてわれわれユダヤ人にももたらされた。あと数日で「ロシュ・ハシャナ」〔ユダヤ教の新年〕という日、シナゴーグで発表され、ラビ・メルキヨールはみんなに身を隠すよう説得し、可能ならばスウェーデンに脱出するように、とすすめた。

ドイツ人の計画は、ユダヤ暦の元旦にあたる一〇月一日の晩は、大部分のユダヤ人が家で新年を祝っているだろうから、そのときを狙ってユダヤ人狩りをしよう、というものだった。

ドイツがデンマークに侵攻した当時、レオは13歳だった（左）。父は、コペンハーゲンのグレート・シナゴーグの首席カントールだった（右）。

戦後、家族でコペンハーゲンに戻ったレオ・ゴールドバーガー。

差しのべられた援助の手

だがどこに隠れればよいのだ。わたしたち家族は最初の晩、コペンハーゲンから二〇キロほど離れた海沿いの町ベズベックに住む、ユダヤ人の富豪の家に厄介になった。ところがその晩、その富豪の家族は、わたしたちにもユダヤ人難民のメイドにも黙って、スウェーデンに脱出してしまったのである。

父は知っていたらしい。船賃を負担して一緒にスウェーデンに渡る気はないかと打診されたという。だが父は断わらざるをえなかった。単に、そんな金の持ち合わせがなかったからだ。父はパニックにおちいりそうになったが、頑張らなければ、何とか方法を見つけなければと決心し、一人で列車に乗り、コペンハーゲンに戻った。金を借りるか給料の前借りをするかしたうえで、漁船の手配をしてくれる人を探すつもりだった。

そんな折、列車の中で、ある婦人に声をかけられた。父は、どこかで会ったことがあるというくらいの認識しかなかったが、その婦人は明らかに悲壮な顔つきをしている父を見て、どうしたのか聞いてくれたそうだ。父が事情を説明すると、婦人は少しもためらうことなく、「わたしに任せてください」と言い、数時間後にある大きな駅で会いましょう、それまでにすべて手配しますと言ってくれたという。何年か前、自分の団体「平和と自由婦人連盟」のチャリティ・コンサートに協力してくれたお返しで、このくらいのことは何でもない、と言ったそうだ。

婦人は言ったとおり、その日の夕方、指定した駅に来て、すべて手配できた、金は、「イスラエル・ミッション」のヘンリー・ラスムッセン牧師から届く、と告げた。金額は、約二万五千デンマーク・クローネという、父の年俸より多いという大金だった。一人頭五千クローネの計算だ（表面的には貸与だったが、ラスムッセン牧師は戦後、返済を辞退された）。次は海岸のそばの、コペンハーゲンから一時間弱の指定された家に行くことだ。わたしたちはアパートに戻り、わずかな着替えや重要書類や家族の写真など、手持ちの荷物を急いでまとめ——わたしは貰ったばかりの懐中電灯を持って——、タクシーで指定された住所に向かった。一夜を明かすその家が誰のものか、その先どうなるのか、わからないままに。

安息の地へ

次の日の夜、わたしたちはコペンハーゲンのアマー島の端、ドラウアのそばの海岸の茂みに隠れて待った。一〇月の、ひどく寒い夜だった。三歳になるかならないかの一番下の弟は、騒がないように睡眠薬を飲ませられ、眠っていた。小柄ながら、勇敢で動じない母は、家を出るときに持ってきた——理由を図りかねるが——繕い物の靴下の入ったバッグを大事そうに抱えていた。そうやって、わたしたちは約束の合図を今か今かと待った。

合図の光があったらすぐにも動き出そうと構えながら、わたしは考えないではいられなかった。なぜこんなことになったのか。なぜ犯罪者のように隠れ、逃げ回らなければならないのか。

ぼくたちが何をしたというのだ。この先、どうなるのだろう。どうして合図がないんだ。と、合図が光った。わたしたちはじゃぶじゃぶと海に入っていった。氷のように冷たい水に胸まで浸かりながら、三〇メートルほど歩いた。父は下の二人を両腕に抱き、母は靴下の入ったバッグを抱え、わたしは大事な懐中電灯をしっかり手に握って。

兄はスーツケースをがんばって運んでいたが、力尽きて放してしまった。船に引き上げられると、小声で、船倉に隠れるように指示され、そこに横になった。上には魚臭い麻布がかぶせられた。ドイツ人のパトロールに調べられたら、魚だということで通そうというのだ。船にはすでに二〇人くらいのユダヤ人が乗っていた。船が外洋に向かって走り出したとき、父は詩篇の祈りのことばを心のなかで唱えていたという。

二、三時間後、スウェーデンの海岸線が浮かび上がり、明るい町の明かりとスコーネ地方の田園風景が見えてきた。ああ、すばらしい平和の国スウェーデン。安息の地に迎え入れられる喜び。この日のことは生涯忘れないだろう。デンマークに戻れたのは一九四五年、戦争が終わってからである。

あのときのことをどうして忘れられよう。思い出さないではいられない。なぜ、何のために、という疑問が頭から離れない。デンマークの人たちは途方もない人たちだ。それは疑いもない。ドイツ人が父を逮捕しに来た晩の二階の住人は大した人だ。列車の中で父が出会った婦人は天使であり、ラスムッセン牧師は真のキリスト者だ。漁師は、たしかに高い金を取ったが、つまるところ、漁業をやめて運送業で生計を立てざるをえなかったのだし、それにしても命を危険にさらしたのに変わりはない。そうだとも。彼は彼で勇敢で高い志の人間だった。このようにわたしたちユダヤ人のことを思い、わたしたちを助けてくれたデンマーク人は、国中に何千人もいた。そうやって助けられたユダヤ人は七千二百人にのぼることが判明した。

何という偉業だろう。しかもデンマーク人は、助けるのは当たり前だったと言う。たいしたことではなかった、とりたてて礼を言われるようなことではなかった、それしか考えられなかった、と。しかし彼らの行為はわたしの心の中にいつまでも残っている——人間が同じ人間に残酷な行為を行ない、大きな苦難を強いたとき、われわれはどう行動すべきかを教えてくれる道徳的教訓として。

——レオ・ゴールドバーガーは、かつてデンマークに住んでおり、デンマーク人に助けられてスウェーデンに亡命した。その後アメリカに移住。ニューヨーク大学心理学教授を務める。

II

ル・シャンボン村で——愛のことばを理解した人びと

ル・シャンボン村の場合

ピエール・ソバージュ

ル・シャンボン・スュール・リニョン村は、フランス中南部の高地にあり、周囲を岩山に囲まれている。この村の冬は長く、寒さも厳しい。

しかし第二次世界大戦中、この小村の人びとの心には、温かい春の風が吹いていた。彼らは、ナチスの手を逃れてきた人びとを温かく迎え、居場所を与えた。逃げてきた人びとを、大人も子どもも、村の中や周りの農家で世話した。ギュールやリブサルトの収容所から連れ出されたユダヤ人の子どもたちをかくまい、援助を与えた。

子どもたちはこの村で学校に通い、地域の非ユダヤ人の子どもたちと机を並べて勉強した。綱引きで遊んだりもした。アドルフという名の豚も飼っていた。

ル・シャンボン・スュール・リニョン村の人びとは、ナチスに反抗しただけでなく、ビシー

ル・シャンボン・スュール・リニョン村

に置かれたフランス政府の政策にも抵抗した。

彼らの行動を一言で説明することはできない。それは将来の社会科学者に任せるしかないだろう。しかし、これだけは知っておかなければならない。この村の人たちは、愛の言語が理解できた。彼らは心が語りかけたとき、それに耳を傾け、そして行動した。

勇気へのメッセージ——フランス

マグダ・トロクメ

　夫のアンドレ・トロクメは連合プロテスタント教会の牧師だった。戦争中、わたしたち夫婦は四人の子どもと、フランス中部の小村ル・シャンボン・スュール・リニョンに住んでいた。この村の人びとは何の不満もなく生活しており、そんな村に赴任できて嬉しかった。それまで都市に住んでいたわたしたちは、農村は初めてだったが、この環境の変化をありがたいと思った。いろいろな人と知り合いになるのは楽しいものだ。

　ル・シャンボン村はプロテスタントの村で、大きな教会があった。当時は映画も講演会もなかったので、日曜日ごとの説教がとても大事で、みんな楽しみにしていた。夫の説教はほかの人のとは違っていた。夫は「良心的参戦拒否者」〔信仰や良心上の理由で参戦を拒否する人〕だったからだ。当時プロテスタント教会は、良心的参戦拒否者は牧師にしない主義だったので、夫がそうであることを喜ばなかった。しかし村の教区は夫のような人物を欲していた。戦争と平和についての夫の考え方だけでなく、真実や正義について夫が言うことに共鳴したのである。

夫は非常に印象的な人だった。おもしろくて、誠実で、ユニークで。説教も、平和や、より大きな愛、より大きな理解について話すことが大事だ、といつも思っていた。教区が夫の派遣を願い出たのは、人びとが夫に来てほしいと思ったからだ。だから後に危険が迫ったとき、村の人たちは夫を支援しないではいられなかった。

夫は、母親がドイツ人、父親がフランス人、わたしは母がロシア人、父がイタリア人だった。なかなかよい取り合わせではないか。村人だけで暮らしていても広い心がもてたかもしれないが、さらにできるだけ広い心がもてるよう、わたしたちは働きかけた。

わたしたち夫婦は、家族や親戚に会いにイタリアやドイツに行く機会があり、そのたびにそれぞれの国で、とくにドイツで何が起きているかを目にしていた。戦争前でさえ、ユダヤ人やその他の人びとが実際どんな目にあっているか、真実を知っていた。

だからドイツがフランスに侵攻してきたら何が起きるかも予測できた。そこで夫は何があっても村人が動揺しないように、説教を通して少しずつ心の準備を始めた。だからいよいよ危険が迫ったときも、わたしたちは驚かなかった。

ル・シャンボン村の人たちは、迫害がどういうものか、すでに知っていた。先祖がユグノー〔宗教改革時代のカルバン派プロテスタント〕だったからだ。宗教改革を受け入れた先祖が、カトリックのフランス国王から迫害を受けた話は人びとの語り草になっていたが、長年のあいだに記憶は薄れかけていた。しかし、ドイツ人の侵攻とともに記憶が蘇った。この村の人たちには、すでに下地のようなものができていたので、迫害を受けているユダヤ人の苦悩をよその人たちよりも理解できたと思う。

迫りくる危険

一九三九年、ドイツとの戦争が宣言されたが、「奇妙な戦争」と呼ばれたとおり、しばらくは何も起こらなかった。しかしドイツ軍が攻めてくることはわかっていた。一方、フランス政府にも変化が起きていた。政府のトップには、すでにかなりの高齢に達していたペタン元帥が収まった。大勢の国民が、第一次世界大戦の英雄ペタンを信じ、彼を旗印あるいは象徴のように思っていたが、第二次世界大戦と第一次世界大戦とでは事情がまるで違うということを、人びとは見過ごしていた。

フランスが降伏した後も、夫アンドレはこれまでどおり説教を続け、戦争反対を訴えた。国境を越え、パリを占領したドイツ軍は、じわじわと、わたしたちの村のある地方にまでやってきた。危険が目の前にあった。ユダヤ人迫害が始まったが、フランスのユダヤ人が実際どんな目にあうか、わたしたちは想像もしていなかった。

ドイツ軍がビシー政権支配地域に踏みこんでくる前から、わたしたちの村へ逃げてくる人たちがいた。最初にやってきたのは、この村へよく避暑に来ていたフランス国籍のユダヤ人だった。村の農民は貧しかったので、夏のあいだ、金を払って泊まりにくる客を受け入れていたのだ。そんなフランス国籍のユダヤ人の何人かが、まだ身に危険が及んではいないが、町にいては危ないと思って疎開してきたのである。ドイツで何が起こっているか噂を聞いていたので、ドイツ人が来る前に逃げてきたのだ。

続いてドイツから亡命してきたユダヤ人がやってきた。彼らは最初、ホテルや農場の客として金を払って泊まっていたが、後にそのまま難民として村にとどまることになった。

なぜわたしたちの村に来たのだろう。この村が山の中にあったからかもしれない。あるいはプロテスタントの村だったから、あるいは当時の尺度では変わった考えをもった良心的参戦拒否者の牧師がいると、誰かが話したからかもしれない。どういう方法でかはわからないが、とにかく、あそこに行けば助かるかもしれないという話が伝わったらしい。ユダヤ人の数は次第に増えていった。

最初どうだったかということは、よその家のことはわからないが、わが家の場合はこうだった。

ドアを開け、迎え入れた

「奇妙な戦争」が現実の戦争になり始めたころだった。ある晩、一人の婦人がわたしたちの家にやってきて、入れてほしいと言った。彼女はユダヤ人で、ドイツから逃げてきた、隠れる場所を探しており、牧師館なら理解のある人がいるのではないかと思って来た、と言う。わたしは「どうぞ」と言って家に入れた。それが始まりだった。それが後で危険なことになるなどとは思いもしなかった。村人は誰も、そんなことは思わなかった。

しかし気がつくと、村は大勢のユダヤ人で膨れ上がっていた。どこそこに、家庭に受け入れてくれる心優しい人がいると聞けば、そして自分の身に危険が迫っていると思えば、そして後に本当に危険になったら、人は何をしてもそこへ行こうとするだろう。わたしたちは別に宣伝したわけではない。ただ自然に、人びとが集まってきたのだ。

最初のユダヤ人を受け入れたわたしたちは、そうするのが当たり前だと思ったからそうしたまでで、それだけのことだった。一日二日かけて何をすべきかを相談して決めた、ということではない。村には助けを求めて大勢の人が集まっていた。どうして放っておけるだろう。

わたしたちは座って考えて、こうしよう、ああしようと言い合ったのではない。考えている暇などなかった。問題が目の前にあり、即座に解決しなければならなかった。よく、「どうして決心されたのですか」と聞かれることがある。決心などしたわけではない。人間はみな兄弟だと思うか。ユダヤ人を追い返すことは正しいと思うか。じゃあ、助けようじゃないか。そういうことだった。

何も特別のことではなかった。時が経つと大げさに考えられがちだ。たしかに少し後では複雑な事態も起きたが、最初は、最初のユダヤ人をうちに迎え入れたときは、人が訪ねてきたからドアを開け、家に入れた、それだけのことだった。それがどういう結果をもたらすかなど考えもしなかった。人が思うほどたいへんなことではなかったのだ。

どれほど危険なことかも考えなかった。後には、その危険にも慣れてしまった。だが思い出してほしい。当時はどこにいても危険だった。都市では爆撃を受け、家の下敷きになったりして、大勢の人が死んでいた。戦場でも大勢死んでいた。ドイツなどのように迫害で命を落とす人もいた。みんな、命の危険があった。だから、わたしたちだけ特別危険だとは思わなかった。

またわたしたちの危険は、ふつう想像されるような危険ではなかった。「危険」と言えば、街の真ん中で銃撃戦が行なわれるようなことを想像するかもしれない。それに巻き込まれないように逃げなければ、路地に入って隠れなければ、といったことだ。わたしたちの危険はそういうものではなかった。わたしたちの危険は、フランス政府が次第にドイツの言うなりになり、ドイツの法律が適用されるようになり、フランス人がそれに従うことを求められるようになったために生じたものだった。

警察はもはや〝フランスの〟警察ではなく、ドイツに支配されているビシー政府の出先機関だった。当時わたしたちは、姿の見えないドイツ人より、警察やビシー政府のほうが怖かった。

アンドレ・トロクメ牧師（左）と、妻のマグダ・トロクメ（戦後の写真）。

ル・シャンボン村の連合プロテスタント教会（左）では、日曜ごとの説教がとても大事なものだった。右は、トロクメ夫妻と４人の子どもたち（1940年以前）。

反抗、そして逮捕

わたしたちはささやかな抵抗を始めた。例えば、学校の壁にペタン元帥の写真をかけるように、という通達が来た。夫とわたしはこれに従わないことに決めた。小さな抵抗だったが、これを手はじめにそれからも抵抗を続けた。

例えば、学校の正面玄関に毎朝国旗を掲げ、子どもたちに敬礼させるように、と言われた。これにも反対した。わたしたちの学校は、プロテスタント信者の手で創設された私立の学校で、公立ではない。公立の学校は元帥の指示に従ったが、わたしたちは従わなかった。

公立学校の校長は友人だったので、「国旗を掲げたくない気持ちはわかる。国旗に敬礼したい者はうちの学校に来てすればいい」と言ってくれた。二つの学校は道を挟んで向かい合わせにあった。しばらくのあいだ、教師や生徒の一部は公立学校に行って国旗に敬礼していたが、そのうち忘れ、しなくなってしまった。

村にユダヤ人の子どもたちをかくまったのは本当だ。夫がマルセイユに行ったとき、クエーカー代表のバーンズ・チャーマーズと会った。彼はフランス南部の強制収容所収容者の援護活動をしていた。夫が、ユダヤ人の子どもたちが収容されている収容所で、子どもたちの世話を手伝いたいと言うと、チャーマーズにこう言われた。

「ムッシュー・トロクメ、収容所のボランティアは足りている。収容所のボランティアはいくらでもいるんだ。今必要なのは、ユダヤ人が隠れられる場所、収容所から助けた人たちをかくまってくれる場所、村、家なんだよ。わたしたちは収容所からユダヤ人を助け出しているが、誰も受け入れたがらない。危険だからね。きみの村でかくまってはくれないだろうか」

夫は村に戻ると、教会の役員会にはかった。役員たちは「いいですよ。やりましょう」と言ってくれた。人びとが喜んで助けようと言うのに、数分とかからなかった。もちろんいつも夫が言うことに百パーセント同意するということではなかったが、だいたいは夫に同意してくれた。それで、ユダヤ人を助けることになった。

たしかに危険はあった。だがそれまで何事も起こっていなかった。わたしたちはもっともっと命令をきかなくなり、それが習慣のようになっていた。

ある日、オート・ロワール県知事のバックさんが来て、夫に「この村にいるユダヤ人のリストを作成するように」と言った。そのころユダヤ人は、ユダヤ人であることを示す黄色い星を着けなければならないことになっていた。

夫は答えた。「それはできません。まず、わたしは彼らの名前を知らない」。ユダヤ人は頻繁に名前を変えていた。「だから誰が誰だか、わたしにはわからない。第二に、ユダヤ人もみんなわたしの兄弟ですから」

知事は言った。「そんなことはない。彼らはあなたの兄弟なんかじゃない。宗教が違う。国も違う」

「それは違います」。夫アンドレは反論した。「ここではわたしが彼らの保護者です」

知事は主張した。「とにかくユダヤ人のリストを作成してください。さもないとどうなるか知りませんよ。リストを提出しないと、逮捕するかもしれない」

それを聞いたわたしはすぐにスーツケースを用意し、刑務所で必要になりそうなものを詰めこんだ。寒いとき上に羽織るもの、着替え、その他もろもろを。わたしたちはそのスーツケースを「刑務所用スーツケース」と呼んだ。やがて知事は帰っていき、スーツケースは脇に寄せられた。

愛と励ましの伝言

数カ月後の一九四三年二月一三日、夜七時ごろ、二人の憲兵が牧師館にやってきた。わたしは夕食の用意をしており、夫は家にいなかった。憲兵は、「トロクメ牧師にお会いしたい」と言った。わたしは「夫は会合に出ておりまだ戻っていませんが、夫のしていることは全部知っているので、質問があればわたしが答えましょう」と言った。しかし、「きわめて個人的なことなので、お帰りを待たせてもらう」と言うので、二人を執務室に通し、わたしは夕食の用意に戻り、二人のことは忘れてしまった。

夫は八時か八時半ごろ帰宅した。家に飛んで入ってきた夫は聖書や書類を抱えたまま執務室に直行した。しばらくして夫が部屋から出てきて言った。「逮捕された」

なぜ逮捕されたのだろう。しかし当時、逮捕の理由など尋ねる者はいなかった。

わたしは言った。「まあ、たいへん。スーツケースはどうしたかしら」

スーツケースの用意をしたのは前の年の八月。今は二月だ。スーツケースはほとんど空っぽだった。

すると憲兵が、「スーツケースがどうしたというのだ」と聞いてきた。わけを説明すると、「ご主人の身の回りのものを用意するくらいの時間はある。しかし知り合いや近所の人にこのことを知らせたりしないように」と言った。もちろん二人の憲兵はフランス人で、こういうことをすることにためらいがあった。嫌な仕事だとしても、二人にはどうすることもできない。憲兵なら言われたとおり逮捕するしかないのだ。ちょうど食事の用意もできていた。そこでわたしは二人に、「どうぞ座って、一緒に食事をしていってください」と言った。

今なら、こういうことを本や新聞や雑誌に書いたり、講演したりする人は、「何とすばらしい人だろう。夫を逮捕しにきた憲兵に、どうぞ座って一緒に食事を、と誘うとは」と言うだろう。だがわたしには何でもないことだった。わたしたちは人が来たらいつだって、「どうぞお座りください」と言う。憲兵だとて同じことだ。それにちょうど、家中を走り回ってスーツケースに入れる物を集めなければならなかったので、座っていてくれるほうが邪魔にならなくてよかった。

何が起きるかわからないものだ。夫が家を出る前、スザンヌ・ギルベールという女の子がやってきて、ドアのベルを押した。スザンヌの父親は教会の役員で、その日は彼の誕生日だったため、わたしたち夫婦はスザンヌの家に呼ばれていたのだ。もちろん逮捕騒ぎですっかり忘れていた。

スザンヌは憲兵の姿を見ると逃げ帰り、牧師館で見たことをみんなにふれ回った。数分後、村人たちは行列をなして夫の見送りにやってきた。手に手にプレゼントを持って。わたしたちの目の前に、ここ何年も目にしたことがないめずらしい物が現われた。イワシの塩漬け――今ではどこにでもあるが、当時は、将来最悪の事態になったときのための緊急用食糧だった。ろうそく――当時、ろうそくは貴重品だった。そのうち、マッチがないことに気がついた。すると憲兵の一人が自分のを差し出してくれた。

石鹼を持ってきた人もいた。当時の石鹼はまるで石みたいだったが、その人が持ってきてくれたのは本物の石鹼だった。トイレットペーパーもあった。ロールではない、やわらかいティシューの束、上等のトイレットペーパーだ。

夫が入れられたのは強制収容所ではなく、ビシーの留置場だった。何日か後、留置場へ夫を訪ねていったとき、夫が言った。

「あのトイレットペーパーに何が書いてあったと思う？　鉛筆で、紙が破れないように丁寧に、聖書のことばが書いてあったんだよ。励ましのことばや、愛と理解のことばだ。伝言は受け取ったが、差出人は不明だ」

留置場にいる夫に、誰かが時間をかけて、愛と理解のメッセージを書いてくれた。夫は勇気づけられた。一緒にがんばってくれる人がいると思うと、身に危険があることも忘れた。

苦しみを乗り越えて

一九四三年六月末にはこんなことがあった。夫はまだ留置場だった。朝早く、わたしはスザンヌ・ヘイムという女の子に呼ばれた。学生寮「ラ・メゾン・デ・ロシュ」の学生がゲシュタポに連れていかれる、というのだ。

そこの学生は大部分が兵役拒否者か外国人だった。わたしはすぐに駆けつけた。エプロンをしたままだったので、学生寮に着いたとき、ゲシュタポはそこのメイドだと思ったらしい。わたしが入っていっても止めなかった。台所に座ると、食堂にユダヤ人の学生が一列に並ばされているのが見えた。そのなかに、学生の面倒を見ていたわたしの従弟ダニエル・トロクメもいた。ゲシュタポは先に児童館に行き、そこの子どもたちと一緒に、児童館に住んでいたダニエルも学生寮に連れてきたのだ。食堂のほうへ行こうとすると、ゲシュタポは怒鳴ってわたしを蹴り出したが、台所から追い出そうとはしなかった。やはりメイドか何か、とにかく寮の者だと思ったに違いない。しばらくして用事ができたので、わたしはいったん村に帰った。

再び学生寮に戻るとき、一三歳の息子ジャン＝ピエールが一緒にいくと言った。学生たちが連れていかれるとき、わたしが一人でないようにと。

集められた少年たちが、わたしの前を通って小部屋に入っていった。そこには名簿を持った者がいて、一人ずつ確認していた。ほとんどの子どもが、わたしの前を通るとき小さな紙切れを渡して言った。「これを母に送ってください」「父の住所です」「これをフィアンセに」「部屋にある金を使ってください」。彼らは知らなかったのだが、すでに部屋は全部探索され、金も宝石類もいっさい残っていなかった。

しかし、そんなことはどうでもよかった。できる限りしてあげるつもりだったから。息子は、並んで階段を下りてくるユダヤ人の少年たちをゲシュタポが殴りつけ、トラックに乗せるのを見て、ショックを受けていた。ゲシュタポは少年たちを殴り、ドイツ語で「ユダヤの豚！」と罵っていた。

若者たちは全員トラックに乗せられた。従弟のダニエルはわたしに言った。

「心配しないで。両親にも、ここで楽しかったと伝えて。これまでで一番充実していたって。旅は好きだし、友達と一緒に行くのだから」

トラックが出た後、息子は病人のように顔面蒼白だった。息子が言った。

「お母さん、ぼく、必ず復讐してやる。あんなこと、二度と起こさせない。大人になったら、きっと何かする」

わたしは答えた。「でもお父さんはこう言うんじゃない？　そんなことをしたら、またおまえに復讐する者が出る。だからいつまでも終わらない。延々と繰り返される。だから許さなければいけない。忘れなければいけない。もっとよいことをしなければいけないって」

息子は何も言わなかった。わたしたちはその場を去った。ダニエルは二度と戻らなかった。

戦争中、そういうつらいことがたくさんあった。夫は二、三週間後、ビシーの留置場から無事に戻り、その後も逃げてきた人びとの世話を続けた。

若い人へのメッセージ

戦後、わたしはFOR（友和会）〔国際的キリスト教平和団体〕の活動で渡米した。そのころには英語もだいぶ上達していたので、戦争中のことや、この経験から何を学ばなければいけないかを話してくれ、と何度となく頼まれた。

学ばなければいけないことは簡単だ。まず、あの戦争中、ユダヤ人を助けたのは自分たちだけではなかったことだ。こうした経験を話すうちに、ほかにもいろいろな人がいろいろなことをしていたことが、少しずつわかってきた。

次に、本や雑誌や新聞で取り上げられることを恐れないこと。わたしたちがしたことを知って、たとえ身の危険があっても何かしようとする人たちが、将来出るかもしれない。若い人たちや子どもたちにはメッセージになるかもしれない。希望のメッセージ、愛のメッセージ、理解のメッセージ、そして、間違っていると思ったこと、正義に反すると思ったことに抵抗する勇気を与えるメッセージに。

大勢のユダヤ人難民にとって、救いの扉となった牧師館のドア。左手の壁に見えるのは、村の古い紋章。

若い人たちが大人になったとき、同じような経験をするかもしれない。人が殺されたり、道理に反して告発されたりするのを見るかもしれない。例えば人種問題。例えば、特定の人びとが排除されるケース。身体的にではなくても、活動や存在が抑圧されるようなケース。そんなとき、世の中には、困っている人に希望を与え、愛を与え、援助を与えようとする人がいつもいたし、これからも必ずいるということを思い出すだろう。

また、みんなで力を合わせたことを認めること。それはハンディではない。救いだ。一人で闘わなければならないのはとてもたいへんなことだ。わたしたちには、村人や友人の支援があった。その人たちは、自分たちがしていること、自分たちに要求されていることが何か、正確には知らないままに理解を示し、支援してくれた。その誰もが、自分たちは英雄だなどとは思わなかった。ただ、ベストを尽くそうとしただけだった。

わたしの話を読んだら、わたしが玄関のドアをいつも開けようとしていたこと、「どうぞ、お入りなさい」といつも言おうとしていたことを覚えていてほしい。

それから忘れないでほしい。人生には、ある種の勇気が必要なときが必ずある。他人のことではなく、自分のことを自分で決めなければならないことが。それも一度や二度ではない。言いたいことはそれだけだ。

――マグダ・トロクメは、夫のアンドレ・トロクメ牧師と共に、ドイツ占領下のフランスで、ル・シャンボン村一帯にユダヤ人が隠れ住むのを助け、夫妻でヤド・バシェムの表彰を受けた。

あるドイツ人士官の存在

フィリップ・ハリー

わたしは、あるドイツ人士官の話をしたい。ヒトラーの軍隊の忠実かつ有能な軍人でありながら、南フランスの山岳地帯に住む多くの人の命を救った人物だ。悪の大義に加担した善人だったと言える。だから、彼の話はつき詰めていくと矛盾に到達する。この矛盾に満ちた人物を理解するために、まず事の背景からお話ししよう。

二つの謎

一九三三年から四五年のあいだにドイツという国が行ない続けた悪行について、何年も費やして研究してきたわたしは、当時のさまざまな話のなかから善や希望に通じるものを拾い上げたい、そうしなければわたしの心が安まらない、という気持ちになっていた。そして嬉しいことに、南フランスのセベンヌ山地にある小村ル・シャンボン村の話を見つけた。

この村の人びとは、もしかしたらガス室に送られたかもしれない、あるいは深い穴に埋められたかもしれない、何千人というユダヤ人の子どもたちを死から救った。ル・シャンボン村の人びとの善良さは、この何千もの若い命を救ったことだけでなく、三千人を超える村人の誰一人として、人を（迫害者さえも）憎んだり、殺したりしなかったことにも見られる。倫理は生命の賛美である。

この村の人びとは、フランスがドイツの占領下にあった一九四〇年から四四年までの四年間、身を守る術《すべ》のない人びとを助け、同時に、彼らを迫害しようとする人びとを憎むことも傷つけることもしなかった。それこそ生命の賛美である。彼らは兵士やゲリラのように敵を作らなかった。このうえなく道徳的で、徹底して人を思いやる人びとだった。

しかしル・シャンボン村のことを調べ、『罪なき者の血を流すなかれ　ル・シャンボン村の出来事』（石田敏子訳、新地書房）という本に書き上げたとき、二つの謎が残った。第一の謎は、ドイツ人が敵としてもっとも憎んだユダヤ人を、どうして四年間もの長いあいだ保護できたのか、どうしてドイツ人の弾圧を免れたのかである。

難民を乗せたローカル列車が毎日毎日やってきて、この村をユダヤ人で満たし続けたというのに、そのためル・シャンボン村はこの辺りで「ユグノーの里のユダヤ人安息地」と呼ばれたというのに、どうしてドイツ人やドイツに同調するフランス人に皆殺しにされずに済んだのか。

第二の謎は、始終話に出てきた「少佐」とは誰のことか、ということだった。わたしは村に住み、あるいはほかの土地にいる元村人を訪ね、取材を重ねるあいだに、幾度となく同じ疑問をぶつけた。なぜル・シャンボン村が、ヒトラーの最悪の敵を村いっぱいに抱えて無事に生きのびられたのか、と。

何度となく聞いた答えが、「ああ、少佐のせいだよ」という単純明快なものだった。この疑問を追究するうち、この少佐はユリウス・シュマーリンクというドイツ人で、フランス占領時代の最後の二年間、この地方の責任ある地位にあった、ということがわかった。

少佐についての記述を最初に見つけたのは、ル・シャンボン村の指導者アンドレ・トロクメ牧師の自伝的メモだった。それには、「一九四三年にオート゠ロワール県の占領軍司令官として赴任し、熱烈なナチ、メトガー大佐と交代させられるまで、この地の大勢の人の命を救った」とだけ記されていた。

明らかに、フランスのなかでも一触即発の危険があるこの地域を統括するには、六〇歳に近かった少佐は軟弱かつ高齢すぎるとみなされ、激戦のロシア戦線から戻ったばかりの、強靭な職業軍人と交代させられたに違いない。しかしその後もシュマーリンクは一九四四年八月のフランス戦線収束まで、副官としてこの地にとどまった。

わたしの謎はまだ解けなかった。この地の大勢の人の命を救った、とあるが、本当に同胞であるドイツ人の手から人びとを救い、ル・シャンボン村という救済機関を保護したのか。もしそうなら、どうやって。

汚点だらけの善

謎の解明はわたしにとって、非常に重要になった。

道徳的に清らかなル・シャンボン村の人びとについての本を書いた後、わたしはたいへん気落ちしていた。この村の人びとに比べ、自分がなんと小さい、なんと不純な人間なのだろうと思えたからだ。

彼らについて書いたわたしの本は、わたしやわたしのような人間にはあまり意味のない、具体性のない話、寓話のような、たまたま現実にいた理想的人間についてのたとえ話のようなものである気がし始めていた。清らかな心をもったル・シャンボン村の人びとがうっとうしくさえ思えた。

彼らは誰も殺さなかったが、わたしは殺した。彼らはヒトラーの軍隊を止めようとしなかったが、わたしは大戦の最後の年に従軍し、兵士としてドイツ軍を阻止しようとした。彼らの善良さはわたしの理解を超えている。わたしだって、同じ人間を憎んだり傷つけたりすることはぜったいによくないことだと思っている。だが戦争中は妥協したし、今も妥協する。

ある日わたしはここまで思った。「そうとも、あのル・シャンボン村の村民は善人ばかりだ。だがヒトラーの行く手を阻み、ヒトラーの残虐行為、殺人行為が地球上にあまねく広がるのを阻止したのは、わたしのような、憎しみもあり人も殺せた人間だ」

しかしわたしはそのドイツ人少佐のなかに、わたしたちとの類似点を見つけた。少佐は善を少し行なった。しかし悪のほうへ相当なびき、相当妥協して、悪も行なった。このドイツ人のほうが――戦争中ならためらうことなく殺したであろうこのドイツ人のほうが――天使のようなあのフランス人たちより、よほどわたしに近い。

そこでわたしはふと思った。わたしの家族やこのわたしは、汚点だらけの人間でも偉いと思うし、少なくとも、そういう人間と付き合っている。もし、ヒトラーの第三帝国に仕えたこの人間をなぜ偉いと思うのかが理解できれば、わたしたちがそういう汚点だらけの人間を偉いと思ったり、そういう人間と付き合ったりする理由もわかるのではないだろうか。わたしの周囲にも、よく見れば善があることがわかるのではないだろうか――汚点だらけの善であるかもしれないが……。

わたしはドイツに行って、少佐の子どもたちとも生活を共にした（全員、わたしと同じ中年になっていて、子息はわたしが参加した戦いで敵味方で戦っていたことがわかった）。そして少佐について知れば知るほど、またオート＝ロワールでレジスタンスに加わっていた友人たちと話せば話すほど、少佐がいかに汚点だらけの人間かということが明らかになった。

悪魔の友人

彼がル・シャンボン村をはじめ、この地域の村々を保護できた理由の一つは、あの恐ろしい武装親衛隊のヨーゼフ（ゼップ）・ディートリヒ将軍の友達だったからであった。ディートリヒは、アドルフ・ヒトラーがミュンヘンの通りやビアホールで演説をしていたころからのヒトラーの仲間で、一九三四年の「長刀の夜」と呼ばれる突撃隊（ＳＡ）の粛清にも参加した。「教養ある屠殺人」と呼ばれたのは的を射ている。

シュマーリンクとディートリヒが初めて出会ったのは北フランスで、このときシュマーリンクは、ディートリヒの部下である親衛隊員の傲慢で残酷な行動を批判している。二人ともバイエルン地方〔ドイツ南部の州、州都ミュンヘン〕出身者に共通の、率直に物を言う、あけっぴろげで飾らない性格で、ほかにも、忠誠を守りながら批判的精神を失わない部下を尊重する、飲み食いを好む、電話で話すのが好きという共通点があった。

電話を通じての交友は、シュマーリンクが北フランスを離れ、南フランスのオート＝ロワールに赴任してからも続いた。この間の電話の会話の記録はないが、この電話の会話、それにディートリヒが南フランスのシュマーリンクを訪ねたたった一度の訪問は、シュマーリンクが南フランスに駐屯していたクラウス・バルビーなどのゲシュタポ幹部からこの地域を守れたことと、おおいに関係があると思われる。

それは、フランスでシュマーリンクの下で働いていたフランス人や、シュマーリンクの子どもたちの話からも裏づけられる。武装親衛隊とゲシュタポはナチスの権力構造の頂点にあって、理論でも実践でも一体化していたが、人間関係も共有していた。だから電話でのディートリヒの一言で、ゲシュタポのオート＝ロワール襲撃を阻止することはできただろうし、実際そうだったとわたしは確信している。

しかしオート＝ロワールの人びと、ことにル・シャンボン村の人びとを守ろうとすることは、シュマーリンクの立場を非常に危うくするものでもあった。彼の飲み友達のディートリヒは第三帝国の指導層の一人であり、シュマーリンクはいわば悪魔と飲み友達だったというようなものだから、相手を怒らせないように細心の注意を払わなければならなかっただろう。

少佐の過去

ここまできてまだ疑問が残る。汚点だらけの人間だったとはいえ、アンドレ・トロクメ牧師が言うように、シュマーリンクが「この地方の大勢の人びとを救った」のはなぜか。

まずわたしは、彼が、キリスト教の愛の教えを静かに実践する、きわめて宗教的な人間なのではないかと思った。バイエルンにはカトリックが多い。シュマーリンクもカトリックだった。ところが、実はまったく非宗教的な人間だったことがわかった。一〇代のころ、いくら頼んでも教会に行こうとしない彼に母親は憤慨し、心を痛めた。彼は、教会堂の建築学的すばらしさを見に行く以外に、教会に足を運ぶことはしなかった。道で会った友達に「教会で見かけたことがないね」と言われると、「外で見てくれよ。外のほうが明るいからよく見える」と答え

ユリウス・シュマーリンク（左、1939年、ミュンヘン。右、1943年）。

フランス、オート・ロワール県ル・ピュイに赴任したシュマーリンク（1943年）。

たという。

第一次世界大戦の前後は、ドイツ南部の高校で教師をしていた。ここで、歴史と文学の教師であったと聞けば、自分の信念をはっきりもった人物だったように思える。しかし、シュマーリンクは、倫理論を展開することもなく、ただ、「よい」とか「悪い」とか言うので、生徒や同僚がその根拠を尋ねると、彼はほとんどいつもこう言うだけだったという。

「正しいものは正しいんだ。説明するまでもない」

哲学の徒として、わたしは彼の発言や行動に何か一貫した原則を見つけようとしたが、そういうものは見つからなかった。

一つ発見したことは、シュマーリンクが一度「血のたぎる情熱」と表現したものである。彼は〝現在〟を愛し、助けを求めてくる者にはどこまでも親切だった。自分では人生の計画も目標ももたず、ただ、自分や他人の現在のニーズに情熱と思いやりをもって応えるだけだった。たとえて比較するなら、型にはまった清純な古典派ではなく、自由奔放、華やかなバロック派だったということだ。

軍人になる前、そして予備役時代のシュマーリンクは、「命令は命令」という頑固な軍人とは正反対の、臨機応変な生き方をしている。たとえば友達の運転でどこかへ連れていってもらうときなど、早く行きたいと思うと、「止まれ」の標識も赤信号も無視して走らせた。

義務志向の人間は上からの命令に従う。シュマーリンクは違った。〝しなければならない義務がある〟のではなく、溢れる体力、精神力の泉からこんこんと湧き出るものがあり、〝それをするのが義務〟だった。

若き日の誓い

ここで彼の心の底をのぞく、あるいはのぞこうとする代わりに、実話を一つ紹介したい。まだ若いころ、バイエルン北部の学校で教えていたときのこと。ある日、ライオンについての授業をしに、木造の教室に入っていった。百獣の王ライオンについてすばらしい授業をしようと準備万端整えていた彼は、そのことで頭がいっぱいで、ほかのことは念頭になかった。「ライオンは――」そう言って授業を始めようとしたとき、教室の後ろのほうに座っている男の子が目に入った。その子は学期中ずっと、木の椅子にぼんやり座っているような子だった。その子が先生の注意を引こうと手を振っている。シュマーリンクはライオンについての授業を進めた。

そのうち、男の子が椅子から立ち上がり、「先生、先生」と呼んだ。シュマーリンクはかっとなった。なんだ、この子は。わたしのライオンの説明を邪魔するとは。するとその子はシュマーリンク先生をもっとびっくりさせるようなことをした。先生の許しも得ずに話しだしたのだ。

「きのうね、きのうね、ウサギを見たんだよ。本当だよ。本当にウサギを見たんだ!」

子どもの話が終わらないうちに、シュマーリンクは叫んだ。

「座れ、このボケナス」

少年は座ったが、それ以後、その学年が終わるまで、その子は一言も口をきかなかった。年をとってからシュマーリンクはこのことを振り返り、「自分の生涯でもっとも決定的なできごと」と呼んでいる。ドイツの権威主義的教育の力によって少年を押し潰したとき、少年の生涯にたまたま光がさした瞬間を打ち砕く行為によって、自分のなかの何かも一緒に砕け去ったのだった。その学年が終わったとき、シュマーリンクは人間を否定するような行為はけっしてするまい、と自分に誓った。それ以後、教室では生徒の一人ひとりに、人生では知り合いの一人ひとりに、「ウサギを見たんだよ」という話をする余地を与えることを、彼は誓ったのだった。

悪に加担した善人

シュマーリンクはその誓いを守った。それくらい単純なことだったのだが、それをドイツのフランス占領下でさえ実行しようとしたのだから、そんな簡単なものではなかったとも言える。もし彼が複雑なイデオロギーや理論の持ち主だったら、第三帝国の「敵」とみなされ、抹殺されたかもしれないということは、じゅうぶん考えられる。

ところがシュマーリンクは、周りにいたナチスの人間に何らイデオロギー的脅威を与えなかった。だからこそディートリヒは彼に好意を抱いた。単純に、シュマーリンクが好まれる性格だったからであり、好ましいほど単純な性格だったからである。

教室でも、一九四三〜四四年のオート＝ロワール占領軍司令官の任務においても、シュマーリンクは宗教にも人生哲学にも則らずに、他人を思いやる倫理的余地を作り出したのだった。

彼は英雄ではなかった。ナチズムその他のいかなる「主義」からも敵と糾弾されるような人物でもなかった。遠くから見る彼は、ナチスの戦争マシーンに属する一人の忠実なメンバーのように見えるが、近くに寄って見ると、そしてゲシュタポや彼自身が指揮する悪の兵士から彼が守った何百人、いや、もしかしたら何千人もの人びとの目から見ると、善意の人間だった。

彼は悪と妥協しながら、自分の身を守る術《すべ》のない人びとをできるだけ助けた。彼は、ディートリヒ・ボンヘッファーやクルト・ゲルシュタイン〔いずれもナチに対する抵抗運動を展開したドイツ人〕といった英雄のように、すべての人を救おうとしたわけではない。一部の人を救おうとしただけだったが、その限られた範囲で仕事を成功させた。

しかし、歴史という目で離れて見ると、彼はやはりナチズムという怪物の従順な手先だった。彼は悪の大義に加担した善人だった。

心が感じたままに

ドイツがフランスで敗北し、彼もいよいよオート＝ロワールを去るというとき、シュマーリンクは土地のレジスタンスの代表らの前に呼び出された。「セアンス」と呼ばれた非公式の審問を受けるためである。セアンスは、通常は公式裁判の予審の役目を果たしたが、その審問をもとに略式判決が下されることもあった。

四年間にわたるきわめて残忍で侮辱的な占領から解放されたフランス人は、欲求不満と怒りをドイツ人にぶつけていた。五、六〇キロ北のある場所ではドイツ人の大量虐殺が行なわれ、東方でも五〇人のドイツ人が殺されて深い井戸に投げ入れられたりした。シュマーリンクもドイツ人である以上、標的になった。

この日、一九四四年八月二〇日、オート゠ロワール県の一室のドアが開き、占領下フランスでもっとも危険な地域の一つだったこの県の元司令官が入場してきた。

ユリウス・シュマーリンク、六〇歳。背の低い、ビア樽のような体。丸顔に薄い髪。まるまるとした体を、少し着古した感じの、ドイツ国防軍の灰緑色の制服に包んで通路に入ってきたシュマーリンクは、どう見ても傑出した人物という印象ではなく、フランス人がドイツ人に対する憎悪をぶつけるには格好の標的のように見えた。

しかし通路の中ほどまで来ると、部屋にいた者全員が――オート゠ロワール・レジスタンスのもっとも手ごわい指導者までもが――立ち上がって彼を迎え、通路を進むシュマーリンクに囁きかけた。「少佐、留置場の食事は足りていますか」「ノートとか本とか、入用のものはありませんか」。シュマーリンクは歩きながら苦笑し、静かに首を横に振った。

法廷の中央まで来ると、セアンスの議長を務めていた、高齢だが頑強なフランス・レジスタンスの指導者は、立ったままの姿勢で少佐に頭を下げ、オート＝ロワールのすべてのフランス人に代わり感謝を捧げる旨の短いスピーチをした。

後にシュマーリンクはこのときのことを日記に記し、「苦痛にさえ感じた」と書いている。「フランス人の称賛と感謝は嬉しかったが、彼らにはわかっていなかったのだろうか。人としてのたしなみは何でもない、当たり前のことだということ、報酬も評価も必要ないということ、心が感じたままに、そのとき、その場で、そのときの心を満足させるために、実行されるものだということが」

ユリウス・シュマーリンク少佐はそういう人物だった。戦場の真っ只中にあって、宗教にも倫理にも政治原理にも拠らないで、思いやりと愛を実践する余地を作りだした人。シュマーリンクのことを研究し、彼を尊敬するようになるにつれて、わたしは多くのことを学んだ。まず、汚点だらけの世界に住む自分やほかの人を尊敬すること。また倫理は、善か悪か、真北か真南かというような両極対比のものではなく、羅針盤上のそれ以外の点のように、その二つが混ざり合ったもので、大部分の人の生活とはそういうものだということ。

さらに、わたしたちは完璧であることを求められてはいない、それでも、多分に冷たく無関心の世の中に、ささやかながらも違いをもたらすことはできるのだということ。そして、近くに冷たい世界があっても、自分たちの置かれたそれぞれの場所で、人間の生命を賛美することができるのだということを。

――――フィリップ・ハリーは、米ウェズリヤン大学で哲学および人文科学教授を務めていた。ル・シャンボン村のことを書いた『罪なき者の血を流すなかれ　ル・シャンボン村の出来事』（石田敏子訳、新地書房）など著書多数。

生存者の証言

ハンス・ソロモン
ハン・リーブマン
ルディ・アペル

黄金の金曜日

ハンス・ソロモン　わたしがル・シャンボン・スュール・リニョンに着いたのは一三日の金曜日だったが、〝不吉〟だなんてとんでもない、ありがたい〝黄金の金曜日〟だった。
わたしたちは、まだ学校に通っている者ばかり約四〇人のグループで、ユダヤ人もそうでない者もいた。約半分が非ユダヤ人男子で、残りの半分がリブサルトやギュールなどフランスの強制収容所から解放されたユダヤ人男子だった。これらの収容所は、アウシュビッツのような絶滅収容所ではなかったが、状態はきわめて悪かった。死亡原因の筆頭は餓死で、これは日常茶飯事だった。

ル・シャンボン村に着いた当初、わたしたちユダヤ人学生はユダヤ人だけで固まっていた。非ユダヤ人の少年たちのなかにも、わたしたちと同じように収容所から解放されてきた者がいたが、彼らとは距離を保っていた。しかし一〇日ほどしてトロクメ牧師から話があり、やっと自由の身になったのだ、好きなように話をしていいのだとわかり、少しずつ気持ちをほぐした。

しかし一九四二年八月、事態は悪化した。ル・シャンボン村の「ラ・メゾン・デ・ロシュ」と呼ばれる学生寮にユダヤ人がかくまわれていることが、ゲシュタポに知られてしまった。すると村の人たちは、夜中、ユダヤ人学生全員を近所の農家に隠したのである。わたしたちは納屋や廏舎で寝て、翌朝メゾンに歩いて帰り、勉強を続けた。

翌朝、メゾンに戻ってよいかどうかを知る方法があった。非ユダヤ人の少年が係になって、危険がなければ自分の部屋の窓のシャッターを上げ、ゲシュタポがまだいるときはシャッターを閉めておく、という方法だった。

これは非常に重要だった。ある朝メゾンに向かって歩いていくとシャッターが閉まっているではないか。わたしたちは急いで農家に戻った。農家の人はすぐに受け入れてくれて、わたしたちはもう一晩、農家に泊まった。

もちろん、収容所にいる両親や親戚の叔父、叔母などのことを忘れることはできなかったが、わたしたち若者には生きたいという意思があった。それを与えてくれたのは、ル・シャンボン村の人びとであり、トレーシー・ストロングというアメリカ人だった。ストロングさんは「ヨ

ユダヤ人の青少年を宿泊させていた学生寮「ラ・メゾン・デ・ロシュ」。

ーロッパ学生基金」の副会長で、わたしたちユダヤ人学生をリブサルト収容所から解放し、ル・シャンボン村に送るために尽力してくれた人である。

農家に隠れる

ハン・リーブマン　ギュールの強制収容所から来たわたしたち若者は、最初七人だった。収容所でわたしたちは、収容所を出てフランスのある村に行きたいか、と聞かれた。詳しいことはわからなかったが、収容所から子どもたちを連れ出したい、わたしたちを助けたいと思っている人たちがいて、プロテスタントの牧師がそれに携わっていて、村全体が牧師の努力を支持している、ということだった。わたしは、「出たいです」と言った。それで話は決まった。

わたしたち七人はル・シャンボン村に着き、歓待された。もちろん、温かい、ちゃんとした食事があるだけで夢のようだった。わたしたちが収容された建物には、外国から連れてこられた子どもが男女合わせて二〇〜二五人、フランス在住ユダヤ人の子どもが数人、非ユダヤ人の子どもが数人いた——つまりいろんな子どもがいた。わたしたちはやっと安心できる場所を見つけた。

ところが一九四二年になって、危険が大きくなり、隠れなければならなくなった。農場に連れていかれたが、農家の人たちは何も聞かずに預かってくれた。喜んでわたしたちを受け入れ、少ししかないパンを分け合ってくれた。この村の優しい人たちのお陰で、わたしは人間に対する信頼を取り戻したと思う。みんな、そうだったと思う。

ルディ・アペル　わたしの経験では、ユダヤ人の子どもたちにキリスト教徒になれという圧力は全然なかった。わたしたちに影響を及ぼし、働きかけて改宗させたいという誘惑は疑いもなく大きかったと思う。でも実際、トロクメ牧師の援助で、わたしたちはユダヤ教の祝日にはユダヤ教の宗教行事を、ル・シャンボン村の連合プロテスタント教会か学校で行なった。キリスト教徒になれという圧力を受けたという話は、一度も、誰からも聞いたことがない。

ル・シャンボン村のキリスト教徒は、ファンダメンタリスト的思想の持ち主で、キリスト教はユダヤ人あるいはユダヤ教がその基礎にあり、したがって、その古代宗教を信じるユダヤ人は保護する義務がある、ユダヤ人を守るのは神の御業《みわざ》を行なうことだ、と信じていたと思う。
ル・シャンボン村にいたあいだ中、そう感じた。村の人たちはこの基本的思想をことばで表現することはできなかったかもしれないが、心の中では感じていたと思う。このファンダメンタリスト的な考え方は、今でもル・シャンボン村には生きていると思う。

——ハンス・ソロモン、ハン・リーブマン、ルディ・アペルの三人は、ル・シャンボン村にかくまわれて生きのびたユダヤ人で、その後三人ともアメリカに移住した。

III

思いやる勇気——鐘は汝のために鳴る

ホロコーストの意味

エリ・ウィーゼル

一九四四年五月、東ヨーロッパのある町で、あわただしく設けられたゲットーが、歴史を刻む間もなく消滅しようとしていた。

移送だ。強制移送だ。行き先はわからない。いつもとまったく違うその晩のことを、今もよく覚えている。密かな苦悩にうち沈むゲットーを静寂が覆っていた。近所の人が三〇~四〇人、うちの庭に集まり、声をひそめて言い合っていた。「どこへ行くのだろう」「何のために……」。

わたしたちは、ドイツ占領下のヨーロッパに生き残っていた最後のユダヤ人だった。トレブリンカのこともビルケナウのことも聞いたことがなかったが、脅威は感じていた。そのときゲットーの反対側に面した窓を誰かが叩く音がした。いったい誰だろう。わたしたちが窓のところまで行き、開けたときには、もう誰もいなかった。

後になって、それもずっと後になって、そのときのことを父と二人で思い出した。父は言った。「あれは非ユダヤ人の友達がわしらに警告しようとしたに違いない。そして、たぶん、アウシュビッツでの集団死という運命から救おうとしたのではないか」

その誰だかわからない人は、なぜ、ユダヤ人一族とその敵との間に入ることを選んだのだろう。彼あるいは彼女を動かしたものは何だったのだろう。なぜ、ほかの大多数の人間と違うことをしたのだろう。

鈍感は危険である

記憶は、人の認識の範囲を拡大し、人間の感受性を増大させようとするものでなかったら何の価値があろう。もし、焼けるような傷の痛みを感じることと何も感じないのと、どちらかを選ばなければならないとしたら、わたしは前者を選ぶ。当時、鈍感は危険だった。それは今も変わらない。本書の中での出会いから、読者は若干の喜びと同時に大きな悲しみを見出しただろう。その両方を感じることが大切だ。

あれほど多くのナチス協力者、共犯者、受け身の傍観者を見ると、記憶は悲しみに染まる。トレブリンカはワルシャワのすぐそばだった。マイダネクはルブリンの、バビ゠ヤル〔ユダヤ人大量虐殺が行なわれた谷〕はキエフのすぐ近くだった。いやバビ゠ヤルはキエフの郊外だった。

ババ＝ヤルはキエフだった。キエフの市民が知らなかったなどということがありうるだろうか。ユダヤ人の長い行列が死の谷に向かって進むのを、人びとは見ていた。銃声を聞いていた。なのに、なぜあそこで一人の子どもに、ここで一人の老人に、ドアを開けてやらなかったのか。

他方、いろいろな所で、人としての道を選んだ人たちがいた。恐怖の真っ只中に置かれ、絶対的悪に頭を抑えられながらも、彼らには同じ人間である仲間を思いやる勇気があった。だから、われわれは慰められ、元気づけられるのではないか。

彼らは個人で、一人のユダヤ人女性、一つのユダヤ人家族を救った。どこにそんな勇気があったのだろう。公にも密かにも軍隊が守ってくれたわけではなく、また多くは、組織的な地下活動に属していたわけでもなかった。彼らは、犠牲者と同様、孤独だった。

そこで、われわれは疑問にぶつかる。なぜ彼らはそれほど特別だったのか、なぜそれほど人間的だったのか、なぜそれほど違っていたのか。

それがデンマークだったのはなぜか。ブルガリアだったのはなぜか。救いの手を差しのべた人のほとんどが無名の人で、人としての道に忠実であろうとするがゆえに行動する気高い人種にたまたま一緒に属していただけだったというのはなぜか。そのなかに、政府の高官や有名な作家や、影響力のある政治家はほとんど見つからないだろう。なぜなのだ。

教育のある自由主義者や人道主義者はどうしたのだ。すべての犠牲者のためにたいへん心を痛めているとか、すべての不正に対して不断の闘いを遂行するとか、人間の尊厳を守るためのあらゆる闘いに深く関与するなどと、声を大にして叫ぶ人たちはどうしたのだ。

なぜ彼らは、ユダヤ人の男の、女の、子どもの災禍、悲劇、殺害に無感覚でいることを選択したのか。それは選択だったのか。そうでなかったのなら、何だったのだ。

どれも難しい質問で簡単には答えが出ない。しかも必然的に次の疑問がわく。ユダヤ人の悲劇がそれほど多くの地域で低い優先順位しか与えられなかったのはなぜか。

一九四四年七月二〇日にヒトラーを暗殺しようとした勇敢なドイツ人将校たちは、なぜ、道徳的要素を完全に無視し、暗殺計画はドイツの「最終的解決」を道徳的に許せなかったためだと言わなかったのか。なぜフランスの警察は、一九四二年にアイヒマンの手先と一緒になってフランス在住ユダヤ人の強制収容を実行したのか。

悲劇の普遍的意味

ユダヤ人を救った人たちの存在は、人間を信じていいと思わせると同時に、別の次元で、社会は信じられないと思わせる。

一人のオスカー・シンドラー〔多数のユダヤ人を救ったドイツ人実業家〕に対して、何人のナチス協力者がいたことだろう。一人のラウル・バレンベリー（ワレンバーグ）〔同スウェーデンの銀行家・外交官〕に対して、何人の裏切り者がいたことだろう。ユダヤ人を救った人びとの悲しいほど美しい行為に心奪われるとき、同時に、それを取り巻く残酷な周囲のことも忘れないようにしよう。

ブダペストでは勇敢な若いシオニストたちが、バレンベリーやカルル・ルッツ〔同スイスの外交官〕を助けた。ほかの都市や国にも、地下組織が活発に活動し、ユダヤ人が国境を越えて比較的安全な場所へ逃げのび、さらにイスラエルの地へ渡るのを助けた所があった。

ダビデの星をつけたユダヤ人母子。

戦後、世界はイスラエルという国から一つの教訓を学んだ——全コミュニティを迫害と脅威から救うことは不可能ではない、ということを。

覚えていてほしい。人命を救うのは難しいことではないのだ。見捨てられた子どもに情けをかけるのに、雄々しくなる必要も夢中になる必要もなかった。ただドアを開けるだけ、パン一つ、シャツ一枚、硬貨一枚、投げてやるだけでよかった——同情するだけで。あるいは、アメリカ国務省がビザの発行を増やしてくれるだけでもよかっただろう。当時は人間らしい気持ちをもち続けるだけで、もっとも崇高な人間になれたのだ。

聖書の社会観は、「同胞が傷つき、苦しみ、虐待されているとき、黙って傍観していてはいけない」という原則に支配されている。この原則が無視され、侵されたがために、かかる多数の人びとを巻き込んだ惨事が起きたのである。犠牲者が亡き者にされたのは、殺人者のためだけではなく、傍観者の無関心のためでもあった。亡き者にされた人びとは、程度こそ違うが、ナチズムと社会の両方の犠牲になったのだ。苦難の後、嵐の後、わたしたちが驚いたのは、どんなに多くの殺人者がどんなに多くの人びとを殺したかではなく、わたしたちのことを気遣った人がなんと少なかったか、ということだった。

ホロコーストを可能にしたのは、人類を数々の敵対するグループに分けようとした敵の努力が成功したためである。高齢者が若者と、金持ちが貧乏人と、同国人が外国人と、友人が友人と、そしてすべての人がユダヤ人と、敵対するように仕向けられた。だからホロコーストは、全人類を一致させるために記憶されなければならない。

ホロコーストの意味を学ぼうとする者が、それによって分裂するなら、われわれはその呪いの重みを背負い続けなければならない。だが、もし分裂を退け、ユダヤ人だけが経験した悲劇ではあったが普遍的意味合いがあることに気づくなら、われわれの子どもたちには約束された安息の地、安住の地があることを、その記憶のなかに見出すだろう。

――エリ・ウィーゼルは作家、教師、人権擁護活動家で、ボストン大学アンドルー・メロン人文科学教授、アメリカ合衆国ホロコースト記念委員会初代委員長でもあった〔一九八六年にノーベル平和賞を受賞した〕。

英雄的行為の見本

モシェ・ベイスキー

タルムード〔ユダヤ教の教典〕のなかに、「一つの命を救う者は全世界を救ったも同じ」ということばがある。このことばは、ヤド・バシェムが「諸国民のなかの正義の人」という称号を与えた人物に送るメダルにも刻まれている。

ヤド・バシェムがこの三〇年間探し続けてきた、これら「正義の人びと」は、自らの意志で、自らの良心に従って、同じ人間である仲間の援助に駆けつけた。迫害されていたユダヤ人に保護を与えた彼らの行為は、そのユダヤ人を救っただけでなく、全人類の名誉をも救った。

ドイツ占領下のヨーロッパに住んでいたこれらの気高き人びとは、ナチスがユダヤ人に宣告した運命を黙認することを拒み、自分に危険が及ぶ恐怖にも負けず、報酬を期待もせず、個人的損得も無視し、自らの命を賭けて他人の命を救ったのである。

隠された武勇伝

実際、この人びとを全部見つけ出すことは容易なことではない。彼らは人知れず行動していたし、戦争が終わっても無名でいる道を選んだ人たちも多かった。彼らが助けたユダヤ人が、その後、終戦までに命を落とし、彼らの行為について語れる者がいない、というケースも数多くあった。またユダヤ人を助けた行為が発覚し、かくまったユダヤ人とともに殺されたケースもある。

こうしてわれわれの知ることができたケース一つ一つについて、事実をつぶさに調査した後、われわれ、ヤド・バシェムの「〝諸国民のなかの正義の人〟指名委員会」は「殉教者および英雄記念法」(一九五三年)の精神に則り、「諸国民のなかの正義の人」の称号にふさわしいと思う個人を、これまでに約四千七百名〔二〇一八年現在、二万六九七三名〕、発見した。この調査から、われわれは次の二つの大きな結論を引き出すことができた。

第一は、他人を助け、救った人にはさまざまな人がおり、その助け方、救い方はまことにみごとであると同時に、実にさまざまであったということである。

わずかな食べ物を分け与えた人――例えば、兵器工場で一緒に働いていた強制収容所のユダヤ人女性に、毎日一切れのパンを持っていった一六歳の女の子――もいれば、ユダヤ人を非ユダヤ人として通す偽の書類を発行し、それによってアウシュビッツやトレブリンカへの移送を防いだ人もいた。

アンネ・フランクと家族をかくまった人たちのように、自分のアパートや職場に隠れ場所を作ることまでし、ユダヤ人の家族を何週間も何カ月も、あるいは何年もかくまい、自分の身も家族の身も常に危険にさらし続けた人もいた。

いろいろなケースがあることがわかったが、その一つ一つに、ついぞ語られることのなかった勇ましい武勇伝が隠されている。

ある貧しい農夫は、ユダヤ人のパルチザン・グループが潜んでいた森の入り口に住んでいた。彼はパルチザンと外界との唯一の接点であり、唯一の食糧供給源だった。しかし密告により、ナチス親衛隊に行動が知られてしまい、森の隠れ家へ案内しろと命令されたが、これを拒否したため、妻の見ている前で射殺された。

妻も、パルチザンの隠れ家を明かさないとおまえも同じ運命だぞと脅迫されるが、やはり拒否し、同じように殺された。

この尊い行為がもつ気高さをわれわれはどこまで理解できるだろう。というのは、この行為の意義は、パルチザンの一団を救ったことだけでなく、最高レベルの人道的行為であるという点にもあるからである。

ユダヤ社会の言い伝えによると、世界は三六人の正義の人「ラメッド・バブ」に支えられている、という。この三六人は、普通の人間との区別がつかず、それが誰であるかは永久にわからない。

ホロコーストの最中、この三六人には協力者がいた。前例がないほど残酷な行為と並んで、そのような正義の心をもった数千人の行為があり、お陰であの時代の全人類の名誉が救われた。

残念なのは、ドイツ人が殺すと決めた何百万ものユダヤ人を救うためには何百万もの勇気ある男女が必要だったのに、たった数千人しかいなかったことだ。不幸にもいざというとき、何百万もの勇気ある協力者を見つけることができなかった。

方法はいくらでも

ヤド・バシェムが扱った何千件もの記録からわかった第二の結論は、われわれの知るかぎりどんな状況のなかでも――死の収容所の中でさえ――ユダヤ人を助け、救うことは可能だった、ということだ。

例えば、アウシュビッツにいた女医アデレード・オートバルは、思いやりの深い傑出した人物だった。彼女はフランスで、ナチスのユダヤ人虐待に強硬に抗議したため、アウシュビッツに送られた。

オートバル医師は、有名な実験棟、第一〇ブロックに入れられ、後にビルケナウの死の工場に送られたが、その間、ユダヤ人女性を使って生体実験をしようとしたメンゲレ、アグラート、ビルトら、絶滅作戦執行者への協力を拒んだばかりか、ユダヤ人に温かい看護の手を差しのべた。腸チフスが流行し、患者全員がガス室に送られる可能性が出たとき、オートバル医師は患者をかいこ棚のような寝床に隠し、寝食を忘れて看病した。「白衣の天使」「聖女」と呼ばれたのももっともだ。

わたしは一九八四年に彼女をフランスに訪ね、彼女が「諸国民のなかの正義の人」に列せられて以来ずっと親交を重ねているが、その間、彼女こそ世界を支えている三六人の正義の人の一人に違いない、と何度も思った。

ユダヤ人を助け、救うのに、この方法でなければ、ということはなかった。実際、ユダヤ人を一人あるいは大勢救ったとされる、勇気と良心をもった人びとがとった行動は、さまざまだった。それぞれが、状況と自分の能力と冒せる危険の範囲で行動したのである。

ブダペストで三万人のユダヤ人を救ったラウル・バレンベリー（ワレンバーグ）の業績はよく知られている。

バレンベリーは、ハンガリーのユダヤ人が毎日一万人ずつ、ブダペストからアウシュビッツに送られていたまさにその最中に、ユダヤ人に救いの手を差しのべる特別任務を買って出たのだった。

ブダペストに着任すると、彼は自らの意志で、スウェーデンの保護証明書を印刷し始め、移送リストに載ったユダヤ人に配布した。当局がこの証明書を尊重すると見るや、今度はいわゆる「国際的ゲットー」を作り始めた。一時この集団居住地には三万三千人が保護され、アウシユビッツへの移送を逃れた。

最近わたしは、バレンベリーの身近にいた部下のスウェーデン人ペール・アニエルに会い、バレンベリーの活動についてさらに詳しい話を聞いた。

それによると、バレンベリーは、オーストリア国境に向かっていた死の行進のなかからも救える人を救い上げたという。ユダヤ人の隊列に食糧や医療品を満載したトラックで乗りつけ、列のなかのユダヤ人に食糧や医療品を配って、人びとの苦しみを少しでも和らげようとする一方、想像できるかぎりの書類を使って解放できるかぎりの人を移送の運命から救い続けた。

この、まさに目もくらむような機略縦横ぶりも、たった一人の人間のなせる業だった。彼は、あらゆる機会を利用して援助し、慰め、救助し、何万人というユダヤ人を救出したのである。しかしソ連軍のブダペスト入城の日、ソ連軍に捕えられたバレンベリーは、ソ連に連行されたきり二度と戻らなかった。

ルビャンカ監獄で心臓発作で倒れたというクレムリンの発表は偽りであることがわかったが、この件に関する真実は、たぶん永久にわからないだろう。

「正義の異邦人」たち

スイス、スペイン、ポルトガルの大使館が、ハンガリーのユダヤ人を大勢保護したこともあった。しかし、ほとんどの場合、「正義の異邦人」は個人で行動した。純粋に人道主義的な理由からの場合もあれば、深い宗教的信仰からの場合もあった。またノルウェーやオランダのように、ナチスに対する地下の抵抗運動の枠組みで行なわれた場合もあった。

恐怖と敵意がみなぎるなかで流れに逆らって泳ぐのは――とくにユダヤ人を助けるために個人やその家族が冒さなければならなかった大きな危険を考えると――たやすいことではない。この暗黒の時代だからこそ――ユダヤ人排斥が叫ばれ、非人道主義が蔓延していた風土だったからこそ――これら孤立した個人がとった行動がいっそう際立つ。

不幸にも、ユダヤ人に救援の手を差しのべた人は、外の世界からも周囲からも応援を期待することはできなかった。それどころか、ナチス体制下にあっては、かかる行為が明らかになれば、自分も、保護したユダヤ人と同じ運命を覚悟しなければならなかった。

さらに、これら理念をもったすばらしい人びとは、同国人にさえ背を向けられた。ドイツのオーストリア併合後、スイスはオーストリアとの国境を閉鎖したが、スイスの警察長官パウル・グリュニンガーは、迫害された難民が国境を越えるのを見て見ぬふりをして通過させた。この人道的行為に対して、グリュニンガーは職務怠慢で訴えられ、有罪となり、罷免され、年金も停止された。

この権利を回復するのに三〇年かかった。そして死後、ヤド・バシェムによって「諸国民のなかの正義の人」に認定されて初めて、彼に対してなされた不正義に大衆から批判の声があがり、名誉回復がなされたのである。

同様に、フランスのボルドーに駐在していたポルトガル総領事アリスティデス・デ・ソーサ・メンデスも、一九四〇年、本国政府の命令に背いた。ポルトガル政府は、ナチスの手を逃れ、南フランスに辿り着いたユダヤ人難民のポルトガル入国を禁止した。何千という難民がボルドーの通りを埋め尽くしていた。

ソーサ・メンデスは暴力の側につくことはできなかった。良心に従い、命令を完全に無視して、家も、身を守る術《すべ》もないユダヤ人に入国ビザを発行し、その人道的行為のために地位とキャリアを犠牲にしたのである。

ポルトガル政府からすべての特権を剝奪《はくだつ》されながら、彼は死ぬまで自分の主義と人道的精神に忠実だった。彼は亡命先のアメリカ合衆国でこの世を去った。

村民全員が救援者

ヤド・バシェムが最近、徹底的調査を完了したケースがある。ある村の村民全員が救援者として行動したという、きわめて特異なケースである。調査期間中でこのような例はこれだけだった。オランダのニューランド村である（フランスのル・シャンボン村を忘れたわけではないが、ル・シャンボン村とはまた違った事例である）。

一九四二〜四三年、ニューランド村の住民は、ユダヤ人を各戸一家族、さもなければ最低一人かくまうことを決め、そのとおりにした。このような集団的行動ででもなければ、危険が軽

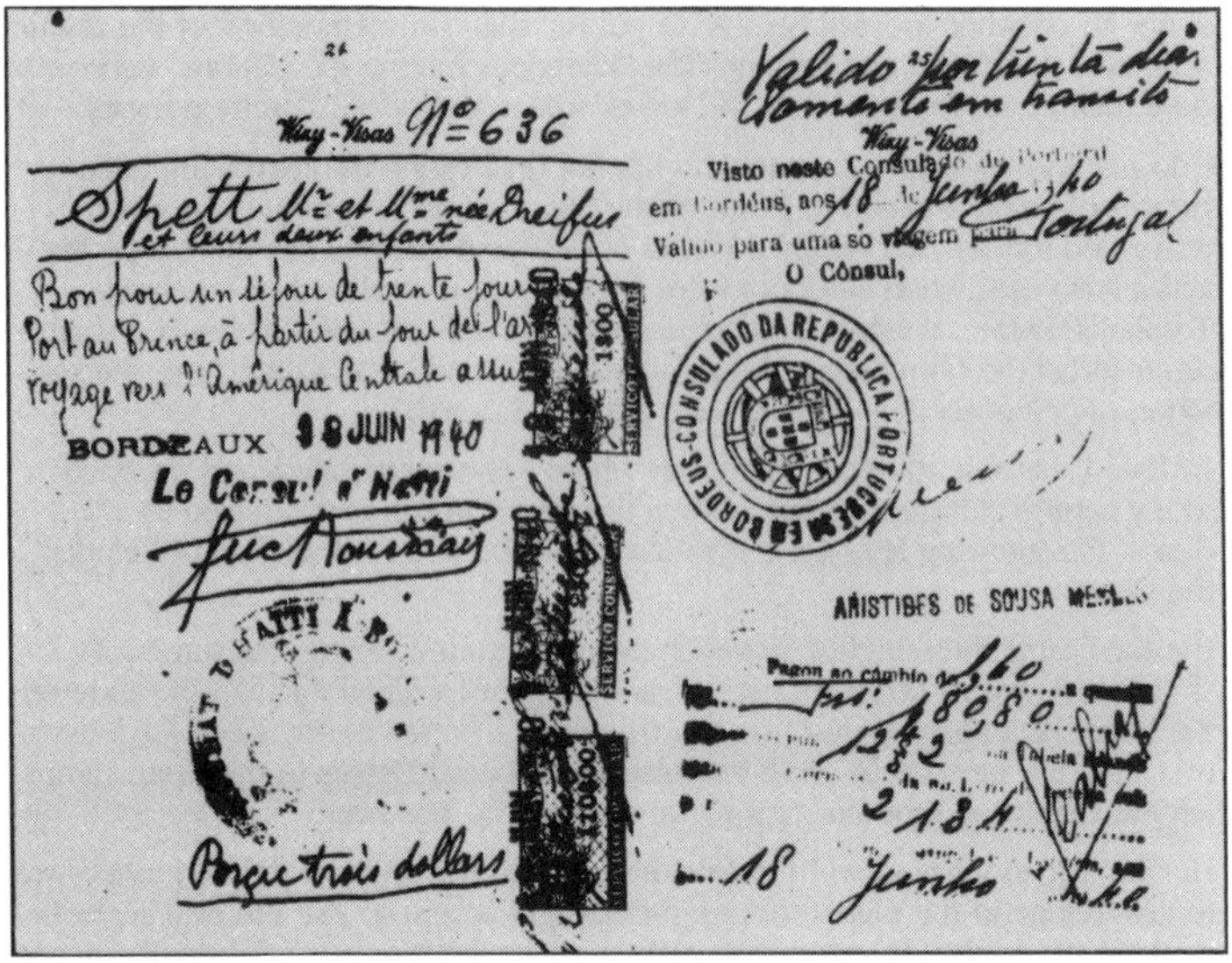

1940年６月18日、ボルドー駐在のポルトガル領事アリスティデス・デ・ソーサ・メンデスが、自国政府の意に反して発行した入国ビザ。証印の右下がメンデスのサイン。メンデスは、このようなビザを何千枚も発行した。この入国ビザで助かったスペット一家は、その後ニューヨークに移住した。

減されることはなかった。

村人全員が等しく、ユダヤ人をかくまうという〝犯罪〟に加担していたので、隣人から密告される恐れは誰にもなかった。

集団的行動ということでは、デンマークのユダヤ人約七千二百人の救出に触れないわけにはいかない。彼らが中立国スウェーデンへ脱出することができたのは、デンマーク人が行なった作戦行動のお陰である。

スウェーデンへのユダヤ人の輸送は、デンマークのユダヤ人を死の収容所へ運ぶためにナチスが差しむけた船がコペンハーゲンの港に続々と集結している最中に、小さな船で三晩かけて行なわれた。ドイツ占領下のヨーロッパで、共同の努力によって、その国のほとんどすべてのユダヤ人を救出することに成功した唯一の国である——それも最後の土壇場で。

説明するまでもないが、それが可能だったのは、救出活動に進んで手を貸そうとした人がそれほどたくさんおり、その人たちに意欲があったからである。これはデンマーク人の偉大さを示すものであり、決して忘れられることはないだろう。他の国でも同じように進んで行動を起こそうという意欲があれば、ヨーロッパ中でできたことだからである。

デンマークのユダヤ人救出に関しては、「正義の異邦人」の名前をもう一人挙げる必要がある。デンマーク人の救出作戦の成功に大きな貢献をしたドイツ人、コペンハーゲン駐在ドイツ大使館付海軍武官ゲオルク・フェルディナント・デュクビッツである。

デンマークのユダヤ人に何が起きるかを知ったデュクビッツは躊躇しなかった。一九四三年、いよいよユダヤ人移送が始まるというとき、デンマーク・レジスタンスの指導者にドイツの船が港に集結している理由と何が起ころうとしているかを知らせて警告した。

計画がデュクビッツから開示されると、彼の情報は正確で信頼できるとわかっていたので、ユダヤ人もデンマーク人も目前の危険を確信した。人びとは狂ったように、危険に満ちた大量救出作戦遂行に走り回り、デンマークのユダヤ人をほぼ全員救ったのである。

ヤド・バシェムはこの何年間か、「諸国民のなかの正義の人」に認定された人びとの記録作成に向けて作業をしてきた。これらの人びとの救援活動をまとめた記録が発行できる日も近いだろう。「諸国民のなかの正義の人」の行動は当然、すべての人に知られ、人類共通の遺産の一部になるべきものである。

シンドラーへの感謝

ナチス体制によって死にいたらしめられるという身の毛もよだつ経験をしたことのない人には、ドイツ占領下のヨーロッパのユダヤ人が体験した恐怖と苦悩はじゅうぶんに理解できないかもしれない。

五年半以上もの間、すべての扉が閉ざされ、すべての道がアウシュビッツ、トレブリンカ、ベウジェッツ、ソビボルなどなどの収容所にしか通じていなかったあいだ、わたしはその恐怖と苦悩にさいなまれながら生きていた。その恥辱、わたしを取り囲んでいた、火花を散らすような敵意、罠にはまったまま誰からも援助の手が差しのべられない恐怖を、わたしは生涯忘れないだろう。

一九四二年、わたしは収監されていた収容所から逃げることができ、両親のいたポーランドの村に帰った。生き残っていたユダヤ人をベウジェッツの死の収容所に移送するための最終行動が実施されたが、そのときも隠れて捕まらずに済んだ。

しかしその後で捜索隊がやってきて、隠れていたユダヤ人は、見つかるとその場で射殺された。わたしは親衛隊員の目をなんとか逃れ、ある晩、雪のなかを歩いて、隣村のポーランド人の友人の家の戸を叩いた。一日か二日、隠れているユダヤ人の捜索が終わり、ゾンダーコマンド〔絶滅収容所の特務部隊〕の隊員たちが立ち去るまでいさせてもらえれば、と思ったのだ。その友達とは子どものころから七年間机を並べて学んだ仲だった。わたしが頼んだのは、昼間、豚小屋の隅に隠れさせてもらうことだけだった。夜になればほかへ移るからと。しかし彼はわたしを豚小屋に近づけさせなかった。夜が明けようとしており、日が昇ればわたしは見つかり、殺されるのがわかっていたのに。

このようなことを、何時間も、何日も、何カ月も体験した者でなければ、その後、苦難の道すじで、オスカー・シンドラーが設置した収容所に辿り着いたときの奇跡とも思える気持ちをどこまで理解できるだろう。シンドラーはドイツ人の実業家として成功していたが、従業員のユダヤ人をいたわり、強制収容所の限界のなかでも、生活環境が少しでも耐えやすいものになるよう努力した。

オスカー・シンドラーも「諸国民のなかの正義の人」に認定された。トマス・キニーリーの著書『シンドラーズ・リスト——一二〇〇人のユダヤ人を救ったドイツ人』（幾野宏訳、新潮文庫）は彼の業績を記したものである。ここでも一人の人間のイニシアチブのお陰で、千二百人のユダヤ人が、ほとんど確実だった死の運命から救われた。わたしが生きのびられたのも、彼のお陰である。

――モシェ・ベイスキーは、イスラエルの最高裁判所判事や、ヤド・バシェムの「〝正義の人〟認定委員会」委員長を務めた。

「正義の人びと」について問う

ピエール・ソバージュ

五〇年前のある日、若いフランス人牧師が、妻と子どもを連れてある山村にやってきた。都会から来たこの家族には、村はいかにも活気に欠けるように見えた。

しかし新しい教区には頼もしい一面があった。その牧師、アンドレ・トロクメはアメリカの友人にあてた一九三四年九月一九日付の手紙で、フランスのル・シャンボン村のことをこう書き記している。

「ここには昔からのユグノー精神が生きている。どんなにみすぼらしい農家にも聖書があり、それを父親が毎日読み聞かせている。だから、新聞を読まないで聖書を読むこの村の人びとは、揺れ動く世論に左右されることなく、確固とした神のことばに拠って生きている」

トロクメ牧師の言ったとおりであることは、すぐに証明される。ル・シャンボン村は、わたしの生涯を二度、左右した。今ではどちらの方がより重要だったかわからないほどだ。

彼らをもっと知らなければ――一〇の問いかけ

わたしはル・シャンボン村で生まれた。一九四四年三月、同胞の多くが次々と奈落の底へ消えていったさなかに、地球上にただ一カ所、生まれてくるユダヤ人の赤ん坊を生きのびさせようと決めていた場所があった。わたしは幸運にもそんな場所で、この世に生をうけた。これが一度目である。

しかし、つい最近になって気がついたことがある。わたしたちはル・シャンボン村の人びとや同類の人たちから学ぶことがたくさんあり、それがいかに大事なことかをわたしはやっと最近、体と心で感じるようになった。わたしたちは彼らの言うことに耳を傾けさえすれば、耳を傾ける必要性を認めさえすれば、よいのだ。とくにこれまでにわたしが学んだことは、われわれは彼ら「正義の異邦人」に感謝しなければいけないが、それ以上に、彼らについてもっと知らなければならない、ということだ。

そこでル・シャンボン村の人びとをはじめ、ホロコーストの最中にユダヤ人を助けた人びとについて、一〇の問いかけをしたい。そのどれ一つとっても、学問領域や宗教を超えた研究テーマになるはずだ。

他のキリスト教徒との共通性は、どの程度だったか――(1)

ル・シャンボン村周辺の人びとはほぼ全員が、自分たちは熱心なキリスト教徒だと思っている。彼らの大部分はユグノーの子孫である。

ユグノーは、フランスの国王やカトリック国民の迫害を逃れ、自分たちが信じるキリスト教徒の道を実践し続けるために、フランス中南部の山奥の、風すさぶ寒冷高地に住みついた。

アリストテレスは、「物事の本質はその物が到達できる最高の形態である」と言う。しかしユダヤ人の目から見ると、ホロコーストのあいだのキリスト教にこの原則を当てはめるのはたいへん難しい。ホロコーストは、キリスト教ヨーロッパの真っ只中で起きたのだから。そして、キリスト教徒の大半が無関心を装ったり協力したりしなければ、また反ユダヤ主義という、長いあいだキリスト教の核心に影響を与え続けてきた強い伝統がなかったら、起きなかったと思われるから。

では、ル・シャンボン村のキリスト教徒や当時ユダヤ人のことを考えてくれた他のキリスト教徒の人たちは、キリスト教信仰の数少ないお手本的存在だったのか。それとも稀に見る、ほとんど偶然に近い成功例にすぎず、彼らを除いてはキリスト教は壊滅的失敗だったというのか。つまり、これらの人びとと他のキリスト教徒との共通性はどの程度だったのか。

彼らに特有の宗教的心情は何か――(2)

心理学者や社会学者、あるいはわたしのように大きな精神的衝撃を受けた世俗的ユダヤ人は、ホロコーストの際の正義の行動を、精神的、宗教的側面を抜きにして、できるだけ科学的に説明したいと思う。

しかし精神的・宗教的な側面をどんなに過小評価したいと思っても、事例を見れば、正義を行なったキリスト教徒の信仰心の本質、特質といったものについて、基本的問いかけをせざるをえない。

つまり、彼らに特有の宗教的態度、宗教的心情とは何だったのか。教皇以下キリスト教徒の同胞が悲劇的にも理解できなかった何かを、ル・シャンボン村の農民や村民が理解したのだとしたら、それは何だったのだろう。

例えば一つの可能性として次のように言えるだろうか。正義を行なったキリスト教徒たちは、彼らの信仰がユダヤ教から派生したものであること、とくにイエス・キリストがユダヤ人であったことを、ほかのキリスト教徒のようにうとましく思わず、喜んで受け入れていたと。彼らはキリスト教を、〝イエスについての宗教〟というよりは〝イエスの宗教〟と考えていた、と。

この点はル・シャンボン村ではとくに顕著だったように思える。村ではユダヤ人はかくまわれただけでなく、「神が属した民族」として歓迎され、ユダヤ教の祭事もかなりの程度保護された。これは多くのユダヤ人にとって、いつまでも驚きだった。

ル・シャンボン村の農家。ピエール・ソバージュも、1944年３月、このような農家で生まれた。

精神的武器の有効性――（3）

アンドレ・トロクメ牧師も副牧師のエドゥアール・テイも、熱心な平和主義者だった。ナチス・ドイツとの停戦協定が結ばれたその日に、彼らは日曜礼拝で、「キリスト教徒の責任は、良心を抑圧しようとする暴力に精神的武器をもって抵抗することである」と述べている。

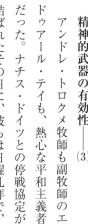

ル・シャンボン村では、この「精神的武器」が劇的な成功を収めた。その有効性から、われわれは何を学ぶことができるだろう。

アメリカのローマ・カトリックの司教団は、「戦争と平和に関する牧者の書簡」という重要な発表のなかで、「悪に対する非暴力的対抗手段は、これまで以上に研究や考察の対象にならなければならない」と述べている。

もしこれが本当なら、われわれはまず、ル・シャンボン村はじめナチス時代の「正義の異邦人」の明らかな事例から始めるべきではないか。このなかにはカトリック教会がこれまでほとんど興味を示さなかった、思いやり深い敬虔なカトリック信者もたくさんいるのだから。

そしてわが同胞であるユダヤ人にも問いたい。人類の生存がこれほど危ぶまれたことはいまだかつてないという現代、われわれは皆、非暴力的戦闘手段を考える責任をもっているが、その責任を抜きにしても、われわれユダヤ人はとくにそのような精神的武器について考えるべき立場にあるのではないか。あの当時、われわれ同胞の一部が、その精神的武器を唯一の武器として戦った人びとによって命を救われたのだから。

因習的な男性の価値観の影響はないか――(4)

ル・シャンボン村でもほかの場所でも、ユダヤ人救出に女性が主要な役割を果たした。赤の他人を、しかもその存在によって家族全員の命が危険にさらされるかもしれない赤の他人を、台所へ、そして家庭に入れるかどうかという最初の重要な決断を迫られたのは、たいてい女性だった。

ル・シャンボン村でも女性が中心になって救援活動が展開された。われわれは「正義の異邦人」について今までほとんど教わらなかったが、その理由の一つは、いわゆる高等教育が、因習的で偏った男性の価値観に支配されているからだ、と言えるだろうか。

男性の歴史学者は、精神的抵抗の実例よりも、無意味な場合もある戦車の音のほうについ興味をひかれるのだろうか。精神的抵抗のほうがずっと大きな具体的成果をもたらした場合でも。因習にとらわれた男性の価値観のために、ホロコーストのあいだの抵抗運動に対するわれわれの理解が妨げられているということがあるだろうか。

少数派意識との関係――(5)

カトリックの国に住むプロテスタントであるル・シャンボン村の人びとが、少数グループの抑圧に格別敏感であったことは疑うべくもない。

ここでつけ加えたいのは、ル・シャンボン村にはカトリック信者もおり、少数派の中の少数派であった彼らもまた、ユダヤ人救援に積極的に加わった。そこで、この少数派であるという意識は、ユダヤ人に対する積極的同情にどの程度重要だったのだろう。どの程度決定的だったのだろう。

われわれは誰でも、どこかで、何かの少数派になっているはずだ。だとしたら、「正義の異邦人」は、その多くが、ユダヤ人迫害に抵抗した超少数派に属す以前から、ほかの人より強い少数派意識をもっていたのだろうか。

彼らのような自尊心はいかに育つか――(6)

「正義の行動」に興味をもった瞬間から、わたしは自分が使う用語を再検討しなければならなかった。英語の righteous(正義の)ということばは、本当はあまり使いたくない。理由の一つは、英語には self-righteous(独善的な)ということばがあり、一般的にはこちらのほうが耳にする機会が多いからだ。gentile(異邦人、非ユダヤ人)ということばも、そんなつもりはないのに、格別、「自分たち以外の人」という点を強調しているように聞こえる。

わたしが関心をもっているのは、「正義の人」「正義の行動」であり、「非ユダヤ人」はどうでもよい(うっかりすると、同じような価値観に則って行動した、同じくらいすばらしいユダヤ人はいなかったかのように受け取られかねない。それは困る。ちなみにそのようなユダヤ人については、「非ユダヤ人」よりもっと知られていない)。

しかし現段階では righteous や gentile ということばを使わざるをえないような気がするし、われわれのニーズを満たすような使い方もできるかもしれないとも思う。

これ以外のことばは危険であり、使うべきではない。問題になりそうなことばの例を一つ挙げよう。selfless(無私の)という形容詞がある。この形容詞は使い方によっては誤解を招き、selfless だと言われた人の本当の理解が妨げられる。

わたしは、ヒトラーやアイヒマンは、きわめて恐ろしい形の〝無私〟状態におちいっていたのではないかと考える一人であるが、ル・シャンボン村の人たちはそうではなかったと思う。

ル・シャンボン村やその他の場所で正義を行なった人びとは、揺るぎない自分というものを非常にしっかりもっていたのではないだろうか。言い換えれば、言われなくても常に自己の存在の根幹に立ち戻れることができたのでは。その結果、真実を見、真実にもとづいて行動しようとする性癖を自然に、しかも頑固に身につけていたのではないだろうか。

もし本当にそう言えるとしたら、そしてもし「正義の異邦人」の多く、あるいはすべてが、この精神的強さを特徴的にもっていたとしたら、あらたな疑問がわく。妻とわたしが息子を育てながらいつも考えることだが、あれほど力強く、しかも深い愛情に裏打ちされた自尊心は、どうすれば育つのか。

もし自尊心が「正義の人びと」に共通に見られる特徴だとしたら、彼らはどのような育ち方をしたことによって、そのような自尊心を育むことに成功したのだろうか。

彼らの「勇気」とは、それほど特別なものか——(7)

「正義の異邦人」のなかで、自分たちの勇気を特別すばらしいものだと考える人は、非常に少ない。ル・シャンボン村の人びとは誰もが、個人的あるいは集団的行動によって命を危険にさらした。

しかし彼らは、危険があったことは認めるが、だからと言って決断が左右されることはなかったと思う、と言う。これをわれわれは謙遜だと解釈し、そんなことはないだろうと考えがち

ル・シャンボン村の広場。

だ。しかしわれわれみんな、勇気を出した人以外は、勇気というものに必要以上の重要性を与えてはいないだろうか。「正義の人びと」の勇気を強調しすぎると、勇気というものの本質が伝わらず、また出るべき勇気も出なくなりはしないだろうか。

ル・シャンボン村の人びとのことを、「勇気ある」とか「無私の」といった、具体的概念をともなわないことばで片づけてしまうと、聞く人の耳には空しく響き、何の反応も呼び起こさない可能性がある。

こういう単語には、これらの人びとはあなたやわたしとは本質的に違う、だからわれわれの日常生活とは無関係であり、われわれの生活が影響を受ける必要はない、と意識下に思わせるものがあるような気がする。

ル・シャンボン村の人びとや同類の人びとは、生活にしっかり根を下ろして生産的に生きている人たちであり、おとぎ話の美徳の精が人間の形をとったもので説教のネタにもなるが無視もできる、というようなものではない。どうしたらそういう見方ができるようになるだろう。

記憶はどのくらい重要な働きをしたか——(8)

ル・シャンボン村の人びとは、先祖からの伝承やその他、重要なことをよく覚えている。聖書にもよく親しんでいるが、その聖書の、キリスト教徒が「旧約聖書」と呼ぶ部分は、記憶の賛歌でもある。

では「正義の行動」が生まれるのに、記憶はどのくらい重要な働きをしたのだろう。ついでに問うが、われわれアメリカ人の先祖の多くは、何らかの抑圧を逃れてこの地にやってきた者だが、それについてわれわれはどのくらい覚えているだろうか。

もしアメリカ国民が、アメリカ先住民が受けた抑圧や奴隷制のはかりしれない非道ぶりをもっとよく覚えていたら、アメリカ国務省に圧力をかけ、ヨーロッパで迫害を受けた人びとに門戸を開き、彼らに救援の手を差しのべさせることもできただろう。

ホロコーストの最中にユダヤ人が見つけた避難場所はどこも、ル・シャンボン村のように抑圧の記憶をもち続けていた場所だったのだろうか。

救援行動のなかの人道的指導者とは――(9)

ナチズムのアピールに抵抗したキリスト教徒のなかには、伝統的、階級的指導者はほとんどいなかった。しかし指導者とはつまり、われわれが指導者と仰ぐ人物でしかないのではないか。とすれば、当時、伝統的でない指導者が出現していた可能性はじゅうぶん考えられる。そうであれば問題は少なくとも、そのような伝統的でない指導者をわれわれが発見できるかどうかだ。われわれとしては、あの道徳的退廃の時代にいた指導者を発見し、彼らがどういう指導者だったのかを研究する必要がある。

ル・シャンボン村では、村を挙げての救援行動のなかからどんな指導者が生まれたのだろうか。アンドレ・トロクメ、マグダ・トロクメ夫妻の卓越した指導力から、人道的な指導者について何を学ぶことができるだろうか。

個人的行為と集団的行為の違いは――(10)

ル・シャンボン村の人びとはお互いに、ほかの人がどんな救援活動をしているか知らないことが多かったようだ。その最中も、戦後ユダヤ人が村を去った後も、村人たちがお互いにこのことを話題にすることはほとんどなかった。

もちろん、村として集団的に行なった場合もあったが、個々の村人がとった善意の行動は基本的には誰も口に出さず、暗黙のうちに行なわれた。ル・シャンボン村には同じ志をもった善意の人がそれほどいた、と言ってもよいだろう。

わたしの知るかぎり、これほどの規模で、これほど長期にわたり、地域全体で正義の行動をとった例は、ナチス占領下のヨーロッパでここだけだったと思う。

それは、この村の人びとが村全体の責任で行なう行動であることに信頼を寄せていたからなのか、それともこういうことは村人一人ひとりの責任で行なってこそ可能であるという理解があったからなのか。

いや、この問いは修辞的にすぎないと思うので、問い方を変えよう。個人的行為も集団的行為もともに、暗闇を呪うよりも蠟燭《ろうそく》を一本つけるほうがよいという認識から出発しているのであろう。だとしたら、両者の究極の違いはどこにあるのか。


アルベール・カミュの寓話的小説『ペスト』は、著者がル・シャンボン村で構想を得、この村で書き始めたものだが、その中で著者は語り手にこう言わせている。

「二たす二は四であると主張する人間が死刑にされるときが、歴史のなかには必ずある。……問題は、この論理の結果どんな褒賞あるいはどんな罰が与えられるかではない。二たす二は四かどうか、である。当時命の危険があったこの町の人びとが決断しなければならなかったのは、彼らの周囲にペストが蔓延しているか否かであり、ペストと闘う必要があるのかないのか、であった」

善とはそんな当たり前のことだということ（ホロコーストの最中でさえそうだった）、他人を気遣うことは自分を気遣うことなのだということに、われわれはあらためて気づかなければならない。

――ピエール・ソバージュは、フランスがドイツの占領から解放される数カ月前に、ル・シャンボン・スュール・リニョン村で生まれた。戦後アメリカに移住し、ドキュメンタリー映画の制作にあたる。村人の行動を顕彰する「シャンボン財団」設立者。

そうするほかなかった

ロバート・M・ブラウン

わたしは一九七九年、「アメリカ合衆国ホロコースト記念委員会」委員として、ほかの委員とともにヨーロッパを訪問する機会を得た。アメリカでのホロコースト記念事業のアイデアを探すためである。

一行はワルシャワとトレブリンカ、アウシュビッツとビルケナウ、キエフとバビ＝ヤル、モスクワなどを訪ね、最後にイスラエルに行った。

最初、ポーランドでもロシアでも、記念碑をたくさん見学したが、どれも人間の愚かさを思い知らせる冷たい石碑ばかりだった。ところがデンマークで、われわれは生ける記念碑に出会った。人間の善の強さを証するその記念碑とは、デンマーク人そのものである。

彼ら元レジスタンスのメンバーは、類まれな捨て身の行為によってナチス占領下の一般のユダヤ人の運命を逆転させた。彼ら生ける記念碑のお陰で、デンマークのユダヤ人の九五％が生きて戦後を迎えたのである。

あなただって助けたでしょう

ヨーロッパの大部分の人がそうしなかったときに、なぜデンマーク人は自分たちの命を危険にさらしてまでユダヤ人の側につき、彼らをかくまったのか。われわれは、すでに七〇代、八〇代になっている彼、彼女ら英雄たちの幾人かと面談し、なぜそのように高貴な行動をとったのか尋ねたが、その答えはいつも同じだった。

彼らは英雄のレッテルを貼られることを拒否したばかりか、何も特別なことをしたわけではないと主張した。われわれの質問に対する彼らの答えは常に別の問いかけだった。「隣人が困っていたら、あなただって助けたでしょう？」

何ともはがゆい話だが、この問いに答えられる者が何人いるだろう。自分の命を危険にさらすとわかっていたら、それでも他人《ひと》の命を救おうとするだろうか。大部分の者は、正直であろうとすれば、すぐには答えられないと認めざるをえない。代償があまりにも高い場合は、巻き込まれないで済む言い訳を探し、たいていは見つけてしまうものだ。しかしデンマーク人はそうではなかった。

帰国後三週間ほどたったころ、まもなく発売されるという、フィリップ・ハリー著『罪なき者の血を流すなかれ　ル・シャンボン村の出来事』の見本を受け取った。わたしは引き込まれ、一気に読んでしまった。今でもあの本を読んでよかったと思っている。当時の恐怖を蘇らせるものでもあったが、人間の輝きの一瞬をとらえたすばらしい本だったからだ。

それは、ル・シャンボン・スュール・リニョン村の人びとが、自分たちの命を危険にさらしてまで一致団結して、助けを必要としたユダヤ人を救おうとした記録だった。デンマークから帰国してまだ日が浅かったせいもあるが、その本を読んでとくに印象深かったのは、ル・シャンボン村の人びとの反応がデンマークの人びととまったく同じだったことだ。ル・シャンボン村の人びとも、自分たちの行為を特別扱いしてほしくない、と主張していた。

そのような態度は、デンマーク人やル・シャンボン村の人びとだけに例外的に見られるわけではない。この時代にユダヤ人を救った人びとに共通した考え方だったようだ。しかし、同じような選択を迫られたとき、大部分の人はナチスのユダヤ観に屈したのであるから、その意味では彼らはやはり例外的存在だった。

では、なぜ一部のヨーロッパ人だけがユダヤ人のために命を危険にさらすことを当然と思い、大部分の人は、そのような衝動があったとしても、それをうまく抑えこみ、ナチスとの衝突を避けたのか。

宗教心で説明がつくか

もちろん、宗教が主な動機になる場合もある。ル・シャンボン村のアンドレ・トロクメはフランスのプロテスタントの牧師であり、彼とともに勇敢に活動した人びとの多くはその教会のメンバーで、プロテスタントとして、「神のみが良心の主《しゅ》である」と教わりながら育った人びとだった。

さらに、デンマーク人の少なくとも一部には、デンマークの歴史を特徴づけるルター主義の名残を留める者もいたに違いない。彼らはルター同様、自分たちも「わたくしは、ここに立つ。そうするほかはない」〔ヴォルムス国会に召喚されたルターが自説の撤回を拒み、最後に言ったとされることば〕と言わなければならないときが来るかもしれない、と信じていた。

ヨーロッパの他の地域でユダヤ人を助けた人のなかにも、宗教が中心的役割を果たす家庭あるいは国で育った者が多くいた。

例えば、ポーランドを訪ねた際、ホロコーストの生存者エリ・ズボロフスキーとともに、三五年前に彼の家族をかくまい、命を救ったカトリックの一家を訪ねる機会を得た。その家の母親に、ユダヤ人に用はないという町、文化のなかで、なぜあなた方だけズボロフスキー一家をかくまったのかと聞いてみた。無学で素朴なその婦人の答えは簡潔明瞭だった。

「わたしには、なぜほかの人がユダヤ人をかくまってあげなかったのか、そのほうがわかりま

ポーランド、ウッジのユダヤ人移送。

せん。この町の人は皆、カトリックです。主は、困っている人に手を貸しなさいと言われた。それなのに、なぜかくまってくれというユダヤ人を断わったりできたのか……」

つまり、プロテスタントもルター派もカトリックも、さらにはユダヤ教も、「すべての人間は例外なく神の姿に造られており、したがってどこまでも貴い扱いを受けなければならない。またすべての人間は、人間が与えうるどんな保護も与えられる価値がある」という考え方を共通にもっていた、ということだ。神あるいは神の被造物に対して真に責任を感じる者なら、結論は一つしかない。

ここで、この件は立証されたとして「審理終了」の裁定が下せればどんなに気分がいいだろう。だが、われわれにはわかっている。ここでやめるわけにはいかない。まだ立証済みではないのだ。

理由は少なくとも二つある。まず、危険におちいった人びとのためにとられた行動が宗教心の結果であると主張するには、そうでない動機からそのような行動をとった人があまりにも多いことである。第二に、総合的に見た宗教家の実績があまりにも貧弱なことである。彼らの信仰個条には、正義の神を信じることは人間の不正に挑むことであると明記されているが、この信念は必ずしも守られない。

悲しいかな、困った人を前にすると、人は臆病になったり無感覚になったりする。宗教的信仰によって弱者を守った人びとの例を挙げるとすると、それは一般論に対する数少ない例外を述べることになってしまう。

またわれわれキリスト教徒が忘れてはならないことがある。危険を冒した少数の者、デルプ神父やリヒテンバーグ司教、ディートリヒ・ボンヘッファー、マルティン・ニーメラーなど〔いずれもナチスに抵抗したドイツの聖職者〕に、何もしなかった残りの者たちの免罪まで任せることはできないということだ。聖パウロの「〔わたしは〕わたしの欲している善はしないで、欲していない悪はこれを行なっている」（ローマ人への手紙七―一九）ということばは、難しい教義ではなく事実を述べているにすぎない。

そこで、われわれの疑問追究の作業にあたって宗教を持ち出す価値は、宗教が次の作用をするからである。まず、宗教界に属す人びとに対して、彼らの倫理を測るものさしを突きつけることができる。第二に、(聖ヨハネのことばを借りれば)「神を愛していると言いながら兄弟を憎む者は、偽り者である」(ヨハネの第一の手紙四—二〇)ということを、彼らに思い起こさせる。

そういうわけで、宗教家が宗教を持ち出して、宗教をそれほど重んじない人の正義の行動を説明しきろうとしても、説得力がないとわたしは思う。聖書にも「あなたがたはその実によって彼ら〔にせ預言者〕を見分けるであろう」(マタイによる福音書七—一六)とある。その人の宗教心が本物か否かがそういうことで判断されるのは怖いが、判断の基準としては正当性がある。

われわれは発言の量ではなく行動の質によって、言い換えれば、口でどれだけ熱心に語るかではなく、どれだけ直接的に行動するかによって裁かれるということだ。「わたしたちは言葉や口先だけで愛するのではなく、行ないと真実をもって愛し合おうではないか」(ヨハネの第一の手紙三—一八)

正義の行為を生んだ要素

そこで、正義の行為を生んだ要素には、宗教心のほかにもまだまだ考えられることがある。とりあえず五つ挙げてみたい。

(1) 人生で培われた習慣

「英雄的行為」ではないという主張を聞き流してはいけない。そのような発言は、謙遜を装ったものではなく、その人たちの本心なのかもしれないのだ。

その人たちが、ほかの人には難しいことも簡単にできるのは、それまでの人生で培われた習慣のせいかもしれない。そこで、何らかの理由でそのような無私無欲の境地に達した人たちの生い立ちを考えてみる必要がある。

(2) コミュニティの支持

同じような考えの人たちが一緒に住むコミュニティの生活が、そのような例外的行動を起こしやすくしたということはないだろうか。

社会一般に受け入れられている道徳的慣習に反する行為を、一個人で始め、継続することは容易なことではない。同じように考え、一緒に行動する人がほかにもいれば、個人にしろ少数派にしろ、大勢を占める多数派の分別に抗して行動することはそれほど難しいことではないかもしれない。

デンマークでもル・シャンボン村でも、人びとがコミュニティの支持に助けられたのは事実である。

(3) 普通の資質

危険を冒した人びとはほとんどが、いわゆる〝普通の〟人だった。悪い意味でではない。心強いことだと言いたいのだ。

愛するという才能は、思いがけない場所の奥深くを流れていた。指導者や天才だけのものではなかったということだ。自分の利害を捨てて他人のために行動できる能力は、われわれのなかに潜在的に、われわれが普通考える以上に備わっているのかもしれない。

(4) 手本の存在

とはいえ、当初臆病だった人たちが、自分の利害を無視した行動をとるようになったもう一つの鍵として、手本の存在が考えられる。

ル・シャンボン村の人びとにはアンドレ・トロクメという、無視できない手本があった。トロクメ自身には、ナザレのイエスのほかに、第一次世界大戦のときに出会ったドイツ人兵士で良心的参戦拒否者のキンダーがいた。

マーティン・ルーサー・キングにはガンディーがいた。そして、キングという手本があったから一九六〇年代の公民権運動を闘う勇気がもてたという名も知れぬ黒人が、どれほど多かったことだろう。

(5) 危機に対する心の準備

これらの問題は、ここでは論議しつくせるものではなく、ほかの場所でさらに深く検討されるべきものである。しかし、この短い一文のなかでも明らかになったことがある。それは、上記の議論から、すべての人が次のように問われている、ということだ。

「危機を想定し、緊急事態に出会ったとき、自分ならどう行動したらよいかをあらかじめ考えておくことは、現代に生きるわれわれの義務の一つではないか」

その場合、少なくとも、次のような態度や行動は決してとるまい、ということは明確にしておく必要があろう。無実の人を告発したり、わが身のために何か救えるかもしれないという期待から不正を行なう犯罪者を前にして臆病になったりすることだ。

少なくとも今からできることは、こういう反応ならとれるというものを想定し、それを実行するために必要な人格を身につけるよう訓練し始めることだ。教材にはもちろん、ナチス時代にわれわれのような普通の人間が、英雄的行為に立ち上がった物語がある。これに耳を傾け続けることが必要だ。登場人物同様、われわれも道徳的選択をしなければならないことがわかるだろう。

また、彼らが下さなければならなかった決断を追体験することによって、自分たちが同じジレンマにおちいったときに対処する力が与えられるだろう。

そうすれば、将来、定期的にしろ突発的にしろ、われわれが直面する可能性のある危機に対して心の準備ができ、どんな状況下にあっても、不正や非人道的行為に反対し、正義と人道主義の道をとることができるだろう。

――ロバート・マカフィー・ブラウンはアメリカ合衆国ホロコースト記念委員会委員も務めた作家、教師、神学者である。執筆も多く、『エリ・ウィーゼル――全人類への使者』（ノートルダム大学出版局刊、一九八三年）などの著書もある。

思いやる勇気

シュロモ・ブレズニッツ

勇気が一人でいることは決してない。恐怖という連れが常にそばにいる。ある行為が「勇気ある行為」と呼ばれてよいのは、恐怖に負けなかった場合だけである。恐怖が大きければ大きいほど、それを乗り越える行為は、それだけ大きな勇気を必要とする。勇気が自分の存在を主張できるのは、恐怖と不安が支配しているときだけである。

しかし、恐怖に負けない行動はどうして可能になるのだろう。自己防衛と安全を求める衝動に勝てるのはどういうときだろう。だいたい、なぜそうしたいと思うのだろう。

感情と行動の選択

行動が抑制できなくなる最大の原因として、よく、感情が挙げられる。人は、感情的高揚をともなう非常に強い生理的変化に負けると、自分で自分がコントロールできなくなると考えられている。そして、きわめて無責任な行動に対して、われわれは、それはもっぱら感情のなせる業《わざ》だと考える。

さまざまな感情のなかでも、自己保存を保証するという進化上の機能をもっている点で、「恐怖」は特別な存在である。恐怖があったればこそ、ヒトという種は先祖代々、「恐ろしい運命の攻撃の矛先」の少なくとも一部から逃れ、これを回避してこれたという。

それができたのは、古来のヒトの生物学的構造による。つまり、環境からの重大な脅威に遭遇し、恐怖を感じたヒトの体は、鼓動や呼吸が速くなるなど、必ず顕著な生理的変化を起こすようにできている。

このようにして、恐怖の苦さは、敵に直面したときの人間の行動を決定する重要な役割を常に担っている。ただし、「重要な役割」ではあるが、「決定的役割」ではない。

ここに問題の重要な鍵がある。

われわれは、恐怖に苦しめられることはいくらあっても、必ずしもその奴隷になる必要はない。恐怖には二つの反応が可能であり、だからこそヒトという種はこれまで、進化に導かれるとおりには反応しないという気高い態度をしばしばとってきたのである。

霊長目の進化とは、条件反射と本能の支配から解放されようとする努力の歴史であり、自動的反応から行動の選択へ、全員一致から個人的差異の出現へ、愚鈍な動物的集団から人類へ、という移行の歴史であったと言える。

ホモ・サピエンスを、自分の運命は自分で切り開く動物に作り直そうとするのが文化であるが、その力はまだ弱く、ヒトが持ち続けている原始的なものからの攻撃に抗しきれない面がある。この、人類に内在する弱さがそれまでになく恐ろしくもはっきり現われたのが、ナチス時代の蛮行であった。

文化的進歩の営みはきわめて弱々しく、常にいつくしみ、保護する必要がある。他方、感情を、外的環境の挑発によって生じた、回避も抑制もしがたいものにすぎないと見る考え方も、次第に力を失っている。

心理学的研究の事例を検討してみると、感情も、与えられた状況を個人がどう評価するかによって左右されることが多い。つまり、人間を、外的な出来事の言うなりになる囚人と見ることは、もはやできない。世の中に対する感じ方、受け止め方は、ある程度自分が決めるものなのだ。

人はまだ完全に自分自身を支配しきっていないが、生い立ちや考え方や道徳的育ち方に基づく内面的要因が、その人の行動を決定するうえで、客観的脅威や外的な挑戦と同じくらい重要な役割を果たす、ということは言えるだろう。とすれば、道は無限に広がる。そしてそれにともなって、行動に対する個人的責任も増加する。

精神医学では、恐怖や不安に打たれた人を裁くことは誰にもできない、と教える。これ自体は間違っていないが、われわれが経験する恐怖や怒りや愛は誰のものでもない、自分が起こした感情である。そして、それよりも遥かに重要なことは、そうした感情に応じてわれわれがとる行動は、自ら承認を与えたものだ、ということだ。

勇気を構成するもの

これで勇気の本質がはっきりした。

恐怖が「走れ」と命令し、心が「止まれ」と命令する、体が「やめろ」と命令し、心が「しろ」と命令するとき、勇敢な闘いは起きる。

事態を解決する力が一瞬のうちにわく場合もあるが、恐怖と疑念の波状攻撃にあい、決断に長い時間がかかる場合もある。砂漠の塹壕で見つかった紙切れに書かれた、無名の兵士の短い詩に、それがよく表われている。

神よわれと共にいたまえ。
夜は暗く、冷たく、
勇気の火花は消えゆく。
ああ長き夜。
神よ、われと共にいて、

われを強めたまえ。

――『砂漠の唄』より

ところで勇敢な行為は、戦場の闘いのなかで起きるときのように、短い一瞬のものであることが多い。きわめて重要な単一の行為の後、危機は去る。生きのびた者の次の反応は、安堵であり、正当化であり、もしかしたら感謝や歓喜でもあるかもしれない。

しかしここに、そのような行為を、何秒、何分、何時間ではなく、何日、何週間、何カ月、何年という長いあいだ、あらゆる困難に打ち勝って持続しなければならない人がいた。それも最悪の悪の帝国の中で、しかも歴史上もっとも暗黒の時代に。その勇気はどれほどのものであっただろう。

誰のために

わたしは勇気を測る尺度を二つ挙げた。

克服しなければならない恐怖の強さと、持続しなければならない時間の長さである。いずれも、勇気ある行動を阻止しようとする働きをする。

さらに慎重を期すため、これにあと二つ、追加したい尺度がある。前二つとも密接なつながりをもつもので、いずれも勇気ある行動を妨げようとする。

勇敢な行為は、定義によれば、危険をともなう。そこで問題は、誰のためにその危険を冒すかだ。自分のためか、身内のためか、親しい友のためか、それとも、自分が属す団体や社会のためか。

この関係が距離があればあるほど、希薄であればあるほど、その行為に要した勇気は大きいと思われる。その極端な例に、自分や身内のためではなく、エミール・ゾラのように抽象的概念のために危険を冒す場合がある。

しかし、わたしは、それより勇敢だと言えるものがあると思う。それは、すべての人に追われ、辱められ、見捨てられた人を救うために、一人の人間がすべてを賭ける場合である。大詩人ジョン・ダンはこう書いている。

何人も島全土にあらずして、
人は皆、大陸の一かけ、全体の一部なり。
土くれ一つとて海に流れ去れば、
ヨーロッパはそれだけ減ず――
岬一つ流れ去るがごとく、
汝が土地、汝が友の土地の流れ去るがごとくに。
我、人類の一部なれば、

何人この世を去るもわが身の損失。
ゆえに問いに行かせるなかれ、
誰《た》がために鐘は鳴る、と。
鐘は汝のために鳴るなり。

報酬は行動自体のなかに

最後の、しかし同じくらい重要な尺度は、成果の有無である。恐怖という圧倒的な力に、勇気が絶望的な戦いを挑んでいるとき、優勢を回復できるのであれば、人は、考えられるあらゆる議論、考え、想像を利用してだめ押しをかけるだろう。それは、忠誠心であることもあるだろうし、友人や身内の支援、感謝への期待であることもあるだろう。それがどんなに弱い議論であっても、ないよりはよい。だが「正義の異邦人」には、そのいずれもなかった。

彼らは何の報酬も感謝も期待せずに行動しなければならなかった。さらに秘密と沈黙を守る必要があった彼らにとって、支えは、自分の心、自分の決心、自分の強さでしかなかった。彼らは、一部の人がそんなに価値あるものではないとあっさり認めるようなことに、すべてを賭けた。

ではそうしなかった人の場合を考えてみよう。彼らはこう言って抗議したかもしれない。

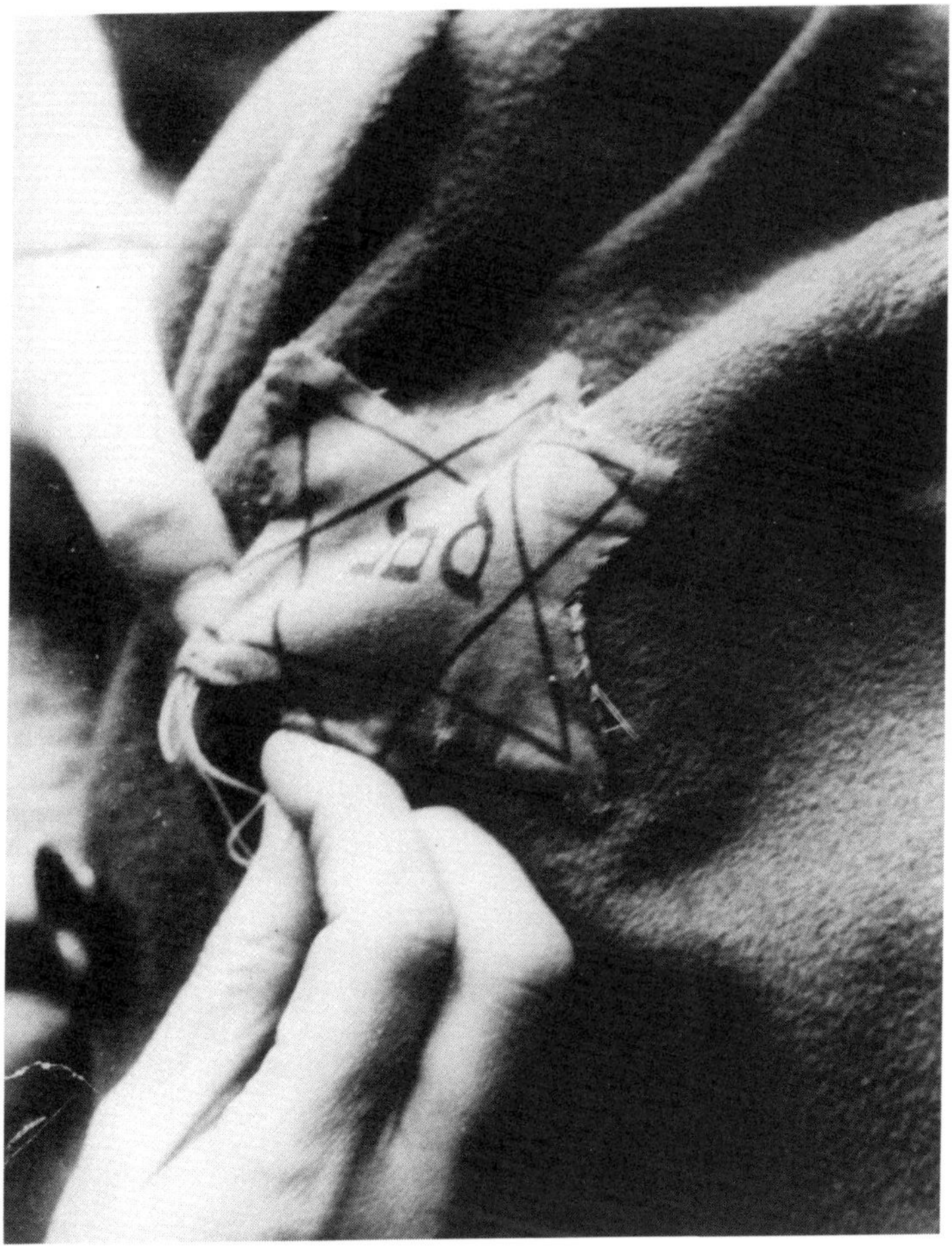

「勇気が一人でいることは決してない。恐怖という連れが常にそばにいる。ある行為が"勇気ある行為"と呼ばれてよいのは、恐怖に負けなかった場合だけである」(シュロモ・ブレズニッツ)

「ああ、わたしも困っている人を見たけど、助けなかった。だからどうだというのだ。戦争中なのだ。毎日毎日何千人もの無実の人が殺されているんだ。なぜわたしが、なぜ今、助けなくてはならないんだ」

これでわかるだろう。救援を断わったことはしばらくのあいだ、せいぜい嫌な思い出として残るかもしれないが、機会を見つけて意識下に都合よく抑圧されてしまうのだ。このレベルの人が大部分で、これ以上の人は、わずかしかいなかった。だから、わずかなユダヤ人しか助からなかった。

その機会をまっとうした人は、黙って行動したその行動自体のなかに報酬があることを発見した。人生はその人の勇気の大きさによって、萎縮もするし、広がりもする。一九四四年三月七日付の日記に、アンネ・フランクはこう書いている。

「幸せな人は誰でも、ほかの人まで幸せにします。勇気と信念のある人は、不幸にうちのめされることは決してないでしょう」

この愛すべきことばを、希望の道しるべにしようではないか。希望の光を絶やすまいとした人びとに、われわれはいつまでも感謝する。

――シュロモ・ブレズニッツはホロコーストを生きのびたユダヤ人で、その後イスラエルに移住。ハイファ大学心理学教授、同大学長を務めた。

感謝をこめて

どんな規模のプロジェクトも、大勢の協力と支援があって初めて達成できる。

本書『ユダヤ人を命がけで救った人びと――ホロコーストの恐怖に負けなかった勇気』の出版も、大勢の人の努力とチームワークで可能になった。そのすべての人に謝意を表したい。そのうち次の方がたについては、特筆する必要があろう。

一人の人間の夢から生まれたプロジェクト「人類への信頼――ホロコーストの最中にユダヤ人を救った人びと」を実行に移せたのは、アメリカ合衆国ホロコースト記念委員会委員長エリ・ウィーゼルの積極的支援があったからである。ウィーゼル氏は、このテーマで国際会議を開き、記録映画を作り、本を出版したいという話を聞くとすぐ、全面的支援を約束してくれた。氏と委員会のプロジェクト支援に心から感謝する。

次に、会議の未整理の記録を整理し、本書の元になる原稿にまとめてくれたジェーン・ディックラー＝レボーにお礼を言いたい。彼女のすばらしい能力と感性のおかげで、読みやすく整理された原稿が迅速に準備された。

自身、ホロコーストの最中に命を助けられ、本書にもその体験を執筆しているレオ・ゴールドバーガー教授は、友人かつアドバイザーとして本書の編集から出版までの全工程に関与し、貴重なアドバイスをしてくれた。

ニューヨーク大学出版局編集者のキティ・ムーアは、本作りの専門的知識からチームワークに必要なけじめやユーモアまで、われわれに必要なことを必要なだけ提供してくれた。膨大な資料を、本として読みやすい形にまとめられたのも彼女のおかげである。熱意と専門的知識でわれわれを援助してくれた彼女にお礼を言いたい。

会議期間中、ロバート・ガードナーは記録映画のためにさまざまな人をインタビューしてくれた。本書の原稿はそれを元にしている。氏はこれを、最終的に、本書と同じ題名のすばらしい記録映画（ヴァージニア州アレクサンドリア、ユナイテッド・ウェイ・プロダクションズ制作）にまとめてくれた。またインタビューにあたっては、配慮と思いやりを心がけてくれた。氏に、心から感謝する。

さらに、イスラエル、ポーランド、フランス、オランダ、アメリカのホロコースト研究センターの記念図書館などのご協力にも謝辞を述べたい。これら機関の職員の方がたの協力を得て、ロバート・ガードナー、リチャード・カプラン、リン・マクデビット、キャロル・リトナーは映画と本書のために写真や記録を探すことができた。タイプ、転写、その他の手伝いをしてくれたフラン・アー、マリリン・スターリン、リサ・ウチノの三人にもお礼を言いたい。

またこのプロジェクトに心置きなく専念できたのは、家族、友人、同僚の理解と激励と愛情があったからである。ありがとう。

最後に、本書に手記や談話を寄せてくださった、ホロコーストの生存者、学者、そしてもちろん、ホロコーストの最中にユダヤ人を助け、ユダヤ人が「諸国民のなかの正義の人」と称える、〝静かな英雄〟の皆さんに、心から感謝する。

本企画を支援してくださったミューチュアル・オブ・アメリカ保険会社会長ウィリアム・J・フリン氏に、感謝をこめて本書を捧げる。

（編　者）

なぜ、二〇年以上の時を経てこの本が再刊されるのか

大西秀樹

二〇年ぐらい前、何気なく買った本を読んで衝撃を受けた。

ナチズムの嵐が吹き荒れる第二次世界大戦中のヨーロッパで起きたユダヤ人への迫害はこの世のものとは思えなかった。公職追放、ゲットー移住、強制収容所移送、強制労働、そしてガス室。人間の尊厳がこれほどまでに損なわれたことがあっただろうか。ただ、目の前でユダヤ人が痛めつけられ、強制収容所に移送されるのを見ても、多くのナチス兵士やゲシュタポを前にして手を差し伸べることは困難を極めた。かくまうだけで自分の命が危うい時代だった。

しかし、このような状況でも、逃げ場が無く困っているユダヤ人を救っている市民たちがいたのである。一市民の持つ力はナチスの巨大な力から見るとごく小さなもので、救出できる方法も限られている。捕まれば、待っているのは死。実際にかくまっているのがみつかり、逮捕

されて殺されてしまった人たちもいた。しかし、彼らの心は困難な状況を前にしても、ユダヤ人を救うという点から寸分たりともぶれていなかった。知恵を絞り作戦を立て、少ない人数で助け合い、救出のために様々な手段を用いた。生命を賭して行ったこれら活動のおかげで多くのユダヤ人が命を落とさずに済んだ。戦後、助けた人たちは「当然のことをしただけ」と言い、自分たちのことを公にしないことが多かったが、この行為の重要性を認識したキャロル・リトナー氏が救出されたユダヤ人、そして救出に携わった人びとから詳細な聞き取り調査を行った結果としてできたのが本書である。原書はニューヨーク大学出版局から一九八六年に出版され、日本語版は食野雅子氏の翻訳で一九九七年に発刊された。

本書を読むと、ナチスによるユダヤ人迫害のすさまじさに絶望に近いものを感じたが、この凄惨な状況の中でも一人の人間を救おうとする人びとの行動の気高さに感動すると共に、人間に対する希望も感じた。いずれも同じ人間がしたこととは思えないほどの差がある。

もし自分がこの時代に生きていたら同じような救出活動が出来たか分からない。恐怖のあまり、何も出来なかったかもしれない。見てみぬふりをしてしまったかもしれない。ただ、本書を読んだことで人間とはかくも崇高な行為が出来る存在であると知った。二〇世紀最悪の時代に人類が記した貴重な遺産と言っても過言ではないだろう。この素晴らしい事実を知ったからと言って、このような行為がすぐに出来るとは限らない。しかし、出来る人がいたという事実は、自分たちも努力すれば出来る可能性を示している。私たち人類の将来にとって明るい希望でもある。それ以来、この本に書かれている内容を一個人としての行動規範にすると共に、精神科の医師として、同僚や若い医療関係者たちにもこの素晴らしい本から生きるための意義、そして援助に携わるための知恵を学ぶように伝えてきた。大学や研修会での講義のときやわたしどもの元に勉強に来る人たちには必ずこの本を読むように勧めている。わたし自身、医療現場や自分自身の人生における困難な局面に出会ったとき、この本から学んでいたことで救われたことも数多くある。しかし、この素晴らしい本の日本語版を書店で求めることが難しくなっていた。この本を扱っている出版社がなくなってしまったのだ。

現代、目の前で起きている出来事は、いくつもの事象が複雑にからみあっている。そのため、問題が生じたときにこれだけすれば良いという単純な対応では対処できないことが多い。物事の本質を見極める力が必要だ。そんなとき、自分自身における人生の根本方針が定まっていれば、複雑な問題の根本原因が認識でき、より適切な対応が可能となるだろう。この本は人生の根本とは何かを教えてくれる数少ない本の一つだ。

わたしはこの本の一読者にすぎない。ただ物事が複雑化した現代、わたしたちは今こそこの本を必要としているのだ。人類の遺産と言うべき名著の日本語版が埋もれてしまうことは、わが国から精神的な遺産が失われてしまうことと同じであり、何としても避けたい気持ちが大きかった。そこで編集者の山崎美奈子氏に再刊について可能か相談し、そこから再刊に向けての動きが始まった。さらに当時本書をわが国に紹介すべく日本語訳を作成した翻訳家の食野雅子氏も、本書の編者であるキャロル・リトナー氏に連絡をして再刊の可能性を探ってくださった。その結果として、本書は二〇年以上の歳月を経て再び世の中に出ることになったのである。

多くの人の協力がなければ、本書は永遠に埋もれてしまうところだった。埋もれずに済んだのは、本書の素晴らしさはもちろんのこと、精神的な財産を失ってはならない、後世に伝えなければならないと感じた関係者の方々の努力の賜物である。この場を借りて、本書の再刊に協力してくれた多くの方々に御礼申し上げたい。

一冊の本を手に取ったことで、その後の人生が大きく変わることがある。わたしはこの本に出会うことが無かったら、一個人として、また医療者として今のような生き方はしていなかった。それほどのインパクトがこの本にはあり、将来も多くの人に影響を与え続けるだろう。今を生きるわたしたちにとって最も必要な人生の核心と言うべきものが本書には一貫して流れている。それをくみ取っていただければ、今後の人生の指針が心に芽生えると確信している。そうなれば、再刊にごくわずかだが関連したものの一人として幸いである。

――(大西秀樹) 埼玉医科大学国際医療センター精神腫瘍科教授。がん患者と家族の精神的なケアを専門とする、精神腫瘍医。家族ケアの一環として遺族の悲しみに耳を傾ける全国初の「遺族外来」を開設。大きな反響を呼ぶ。著書に、「がん患者の心を救う――精神腫瘍医の現場から」、「遺族外来――大切な人を失っても」(いずれも河出書房新社) 他多数。

再刊に寄せて——訳者あとがき

食野雅子

二〇年以上も前にわたしが感動しながら翻訳した本書が、再び日の目を見ることになり、こんなにうれしいことはない。この本は、わたしたちが生きていく上で力になる大切なことを教えてくれていると思ったので、多くの人にぜひ読んで欲しいと願っていたからである。あいにく本書が出版されてまもなく出版社が倒産し、本は市場から消えてしまった。それがこのたび河出書房新社から再刊されることになった。それには、埼玉医科大学国際医療センターの大西秀樹教授の強いお勧めがあったと聞き、お口添えくださった大西先生には心から感謝している。

翻訳当時まだそれほど一般的ではなかった「ホロコースト」ということばも今では広く浸透し、「第二次世界大戦中のナチスドイツによるユダヤ人の大量虐殺」という意味からもっと広い意味に使う人も出てきた。これまで多くの研究がなされ、本も出版され、テレビ番組や映画もたくさん作られている。当然のことながら、ナチスの狂気に焦点を当てたものが多いが、他方、ナチスの非人道的な政策に抗してユダヤ人らを救った人びとに光を当てたものも、かなり見かけるようになった。あの時代、あの状況のなかでも、正気を保ち、人としての心を忘れなかった人が、一般市民のなかにも少なからずいたことも、取り上げられるようになった。

本書に収められているのは、そんな普通の市民たち——見つかれば死が待っていることを承知でユダヤ人をかくまい、あるいは逃亡を助けた、名もない人びとと、助けられて生きのびたユダヤ人の証言の記録である。

一九八〇年に米国議会によって設置された「アメリカ合衆国ホロコースト記念委員会」は、一九八四年、「人類への信頼——ホロコーストの最中にユダヤ人を救った人びと」という国際会議をワシントンで催した。この会議のための基礎資料を、同委員会顧問だったキャロル・リトナーと友人のサンドラ・マイヤーズがまとめたのが本書である。The Courage to Care: Rescuers of Jews During the Holocaust（思いやる勇気——ホロコーストからユダヤ人を救った人びと）という原題がつけられている。

プロローグ「ホロコーストと世界」は、上記「記念委員会」の委員だったアービング・グリーンバーグが、第二次世界大戦中のドイツの行動とホロコーストの全貌を、時間と場所を両軸に概観したもので、ヨーロッパのユダヤ人が置かれていた当時の状況と、そのような状況下でユダヤ人を助けるとはどういうことだったかを理解するのに役立つだろう。

Ⅰ部とⅡ部が、各国で助けられたユダヤ人と、ユダヤ人を助けた人びとの生々しい証言の記録である。そのうちのⅡ部は、ドイツ占領下にありながら、村全体で一丸となって大勢のユダヤ人をかくまった、フランスのル・シャンボン村の例を取り上げる。

語り手の多くは、戦争中のことを自ら語ることは、それまでほとんどなかったと言いつつ、インタビューに答えて、それぞれの体験と率直な思いを語っている。個人で一人二人をかくまった人もいれば、集団で大勢をかくまったり、安全な場所へ移送したりしたケースなど、さまざまだが、心を打つのは、助けた人の誰もが、「そうしないではいられなかった」と回想していることである。「人として当たり前のことをしたまで」と。また見て見ぬふりをすることでユダヤ人を助けたドイツ人士官も登場する。体制に組み込まれた人のなかにもそういう人が、多くはないかもしれないが、ほかにもいただろうと想像できる。

彼らはなぜそのような行動が取れたのか。Ⅲ部では、上記「記念委員会」初代委員長で、後にノーベル平和賞を受賞する作家エリ・ウィーゼルなど五人のユダヤ人知識人が、その意味を考察している。

編者のキャロル・リトナーは、カトリックのシスターだが、アメリカ、ニュージャージー州のストックトン大学教授として、現在も、ホロコースト教育に力を入れている。リトナーは、今の時代にホロコーストを教えるのは、学生たちに、「ホロコーストは〝たまたま起きた〟のではなく、誰かがこうしようと〝決めた〟結果である」ことに気づいてほしいからだと、あるインタビューで語っている。「自分の行動がどんな結果をもたらすかに思いを馳せ、行動と共にその結果にも責任があることを、学生たちには学んでほしい」と。

ホロコーストのような、大規模で組織的で徹底した一民族に対する迫害は、ナチスだけの力で成り立つものではない。それが成り立ったのは、一般市民のなかに協力者がいたからであり、「傍観」という形でそれを助長した市民がいたからである。一方で、みずからの命をかけてユダヤ人たちを助けた市民がいた。迫害したナチスも、ユダヤ人を助けた人びとも、同じ〝人間〟だった。リトナーは、そこが問題だと述べる。つまり、同じ人間である以上、わたしたちも、いつでも、そのいずれにもなる可能性があるのだと。

本書を読んで、わたしには無理だと思う人がいても当然だ。本書で体験を語っている人たちも、もしまた同じ状況に置かれたら同じ行動を取るか、と問われ、「わからない」と答えている。わたしにも自信はないが、こうした人びとがいた、という事実は、わたしたちに勇気を与える。現代のさまざまな状況で、わたしたちが賢明な選択をする指針になるだろう。また、これほどの困難を乗り越える力が人間には備わっているのだ、という事実にも勇気を覚える。

本書には「だからどうしろ」という提案はどこにもない。一人ひとりの読者が本書から何らかの示唆を受けとり、これからの生き方に役立ててくだされば、訳者としてこの上ない喜びである。

（二〇一九年七月）

■編者

キャロル・リトナー（Carol Rittner, R.S.M.）

アメリカ合衆国ホロコースト記念委員会顧問。エリ・ウィーゼル人道基金理事長。ニュージャージー州リチャード・ストックトン大学教授（宗教学）。シスターズ・オブ・マーシイ（カトリックの修道女会）のシスター。ユダヤ・キリスト教関係史の専門家で、ホロコーストをめぐる国際会議の主催や、ドキュメンタリー映画『思いやる勇気』の制作など、ホロコーストの研究と啓蒙に20年以上携わり、ナチスの非ユダヤ人犠牲者に関する国際会議なども行なっている。

サンドラ・マイヤーズ（Sondra Myers）

人文科学州会議全米連合会会長。コネチカット大学主催の国際的教育事業「民主主義は討論」プロジェクト主任。全米の芸術、人文科学、教育の推進事業に携わり、執筆や講演など幅広く活動している。リトナーと映画『思いやる勇気』を共同制作。

■訳者

食野雅子（めしの・まさこ）

翻訳家。一九六六年国際基督教大学卒業。同大広報部、サイマル出版会を経てフリーの翻訳家に。小説、ノンフィクションのほか、児童書「マジックツリーハウス」シリーズ（KADOKAWA）など訳書多数。一九九六年に『ターシャ・テューダー手作りの世界　暖炉の火のそばで』（同）を出版したことからターシャと知り合い、親交を重ねる。生前のターシャの暮らしをじかに知る数少ない日本人のひとり。著書に『ターシャ・テューダーの人形の世界』（KADOKAWA）、『ターシャ・テューダーへの道』（主婦と生活社）がある。ブックデザイナーの出原速夫と共に山梨県の八ヶ岳山麓に「ターシャ・テューダー　ミュージアムジャパン」を開設。ターシャの作品や暮らし、生き方を紹介する活動を行っている。

写真提供

Rijksinstituut Voor Oorlogsdocumentatie, The Netherlands.
The YIVO Institute for Jewish Research, Inc.
Muzeum Historyczne, Warsaw, Poland.
Yad Vashem, The Holocaust Martyrs' and Heroes' Remembrance Authority, Jerusalem, Israel.
Zydowski Instytut Historyczny, Warsaw, Poland.
Photo Helios, Geneva, Switzerland.
Ceskoslovenska Tiskova Kancelar/State Jewish Museum of Czechoslovakia.
Kibbutz Lohamei Hagetaot, Israel.
Judith and Noel Lawson, Southfield, Michigan.
Mrs. Odette Meyers.
Mr. and Mrs. Johtje Vos.
Mrs. Marion P. van Binsbergen Pritchard.
Mrs. Irene Gut Opdyke.
Dr. Emanuel Tanay, M.D.
Mr. John Weidner.
Ms. Gaby Cohen.
Mr. Ivo Herzer.
Rabbi Chaim Asa.
Dr. Leo Goldberger.
The Trocmé Family.
Dr. Philip Hallie.

本書は、1997年4月にサイマル出版会から出版された『思いやる勇気——ユダヤ人をホロコーストから救った人びと』を改題し、再刊したものです。再刊にあたり訳文の一部に手を入れ、「なぜ、二〇年以上の時を経てこの本が再刊されるのか」(大西秀樹)、「再刊に寄せて」(食野雅子) を加えました。

ユダヤ人を命がけで救った人びと
――ホロコーストの恐怖に負けなかった勇気

2019年7月20日　初版印刷
2019年7月30日　初版発行

編　者　キャロル・リトナー、サンドラ・マイヤーズ
訳　者　食野雅子
発行者　小野寺優
発行所　株式会社河出書房新社
〒151-0051　東京都渋谷区千駄ヶ谷2-32-2
電話 03-3404-1201（営業）　03-3404-8611（編集）
http://www.kawade.co.jp/

装幀　石山ナオキ
組版　株式会社ステラ
印刷　モリモト印刷株式会社
製本　小泉製本株式会社

Printed in Japan
ISBN978-4-309-22779-5